보리울의 달

보리울의 달

지음 김영권

KIATS

목차

프롤로그 푸른 노트의 비밀 ∘∘ 6

제1부

제1장 석양의 길목 ∘∘ 13
제2장 첫 수업 ∘∘ 26
제3장 눈물 먹은 꽃 ∘∘ 35
제4장 밀알 하나 땅에 떨어져 ∘∘ 43

제2부

제5장 귀무덤 ∘∘ 57
제6장 푸른 야망 ∘∘ 69
제7장 독립문 ∘∘ 77
제8장 눈을 뜨고 귀를 열어라 ∘∘ 85
제9장 청춘의 빛 ∘∘ 95

제3부

제10장 보리울 가는 길 ᵒᵒ 105
제11장 유리봉에 새긴 꿈 ᵒᵒ 118
제12장 먼 추억 ᵒᵒ 131
제13장 검은 눈동자 속의 불꽃 ᵒᵒ 143
제14장 하모니카 할아버지 ᵒᵒ 154
제15장 푸르른 솔 ᵒᵒ 171

에필로그 나비의 꿈 ᵒᵒ 196

작가의 말 ᵒᵒ 199

연보 ᵒᵒ 204

프롤로그

푸른 노트의 비밀

　화단에 핀 봄꽃이 무색할 정도로 쌀쌀한 날씨다. 꽃샘바람이 윙윙 불어대며 창문을 덜커덕거리게 한다. 방안의 냉기도 만만찮다. 초봄이 되었는데도 이상기후로 폭설과 폭우가 번갈아 쏟아지고 어제는 천둥 번개까지 심하게 쳤다.
　나는 벌떡 일어나 외투를 걸치고 방문을 나선다. 이런 날엔 방구석에 박혀 뻔한 컴퓨터나 하기보다는 별일 없어도 일단 거리로 나가서 돌아다니는 게 차라리 낫다.
　언 눈이 발밑에서 투명한 얼음 씹히는 소리를 내며 부서진다. 찬바람이 윙윙대며 나무 위의 눈꽃을 흩날린다. 냄새 밴 골방도 이 집도

내 삶도 별로 달라진 건 없는데, 계절이 한 번씩 바뀌며 세상은 변해 간다. 별다른 기색을 드러내지 않는 골목길이건만 간간이 낯설어 보이는 건 그런 변화의 표시인가. 지구가 맹렬한 속도로 돌고 있다는데 난 땅에 붙박인 건물들만큼이나 고정된 길을 걷는다.

이곳은 연신내. 하지만 이름처럼 초록빛이 감도는 시냇물은 어디를 둘러봐도 없다. 검은 아스팔트 위로 걸을수록 난 바람에 밀려 뒷걸음질치는 듯하다. 로터리에서 길을 꺾어 산자락 아래쪽으로 난 도로로 들어선다. 푸른 산의 기운이 느껴져 온다. 주변엔 등산객을 위한 음식점들이 거창스런 간판을 달고 늘어섰다. 차들만 부산히 다닐 뿐 평일이라 그런지 행인은 별로 보이지 않는다.

앞에 터널이 컴컴한 입을 벌리고 있다. 나는 심호흡을 한 후 터널 속으로 발을 들여놓는다. 서너 발짝 걸어 들어가자 숨이 턱 막혀 온다. 질주하는 차들이 바깥에서와는 달리 살아 있는 사나운 짐승 같아 보인다. 언제라도 달려들어 물어뜯을 기세이다. 매캐한 냄새를 품은 바람이 맹수가 돌진할 때마다 세차게 휘몰아친다. 자칫하면 휩쓸려 갈 것 같다. 금방 맹수의 발톱에 찍혀 갈가리 찢어진다 한들 누가 알 것인가.

되돌아 나가고 싶다. 뒤를 돌아본다. 얼마 들어오지 않은 성싶은데 입구는 무척 멀어 보인다. 뒤돌아보지 말아야 했다. 천장에서 희끄무레한 쇠살이 내려와 박혀 입구를 막아 버린, 환상이지만 현실 못잖게 절박한 느낌에, 급히 고개를 돌리고 걸음을 재촉한다. 그럴수록 뒷걸음질치는 기분이다. 출구는 까마득히 멀어 보인다. 획획 닿을 듯이 스쳐 가는 짐승들이 무서워 발밑만 내려다본다.

어제 텔레비전에서 본 기이한 사건들이 떠오른다. 질주하던 화물차의 거대한 바퀴가 빠져 튕겨 나가 마주 오던 승용차의 유리창을 박살내고 운전자를 죽인 일, 맨홀 뚜껑이 백여 개나 사라져서 행인이 빠져 죽은 일 등등…….

정말 혼란스런 세상이다. 사실 나는 요즘 방황하고 있다. 모두 저만 잘살면 장땡이라 하며 막무가내로 내달리는 세상이 두렵기조차 하다. 어쩌면 모두가 어느 쪽이 옳은 길인지 몰라 훤한 불빛 아래서도 어둠 속에서처럼 헤매는 것만 같다.

저쪽에서 무엇인가 움직여 오는 것 같다. 그 물체는 까딱까딱 움직이며 점점 다가온다. 고개를 수그린 채 걷던 나는 흠칫 놀라 멈춰 선다. 흰 고무신을 신은 발이 내 발 앞으로 천천히 다가온다. 머리를 들어 보니, 낡은 벙거지를 푹 눌러쓴 노인이 구부정히 서서 떨리는 손을 내민 채 합죽한 입으로 웅얼웅얼한다. 벙거지 밑으로 백발이 드러나고, 아무렇게나 자라난 허연 수염이 추저분한 옷자락 위로 엉켜 있다.

내가 망설이고 있자 노인이 고개를 슬쩍 든다. 창백한 얼굴에 박힌 검은 눈이 나를 쏘아본다. 노인의 눈 같지 않게 빛이 난다. 나는 흐리터분하게 변질돼 있을 내 눈이 좀 부끄럽다.

"할아버지, 어디로 가는 길이세요?"

엉겁결에 생각지도 않았던 물음이 나온다. 누가 나 자신에 대해 물은 것처럼 귀청이 생경스레 울린다.

"흐흐흐…… 이승을 지나 저승으로……."

노인의 입에서 들릴 듯 말 듯한 중얼거림이 흘러나온다.

"저, 길을 찾는데요…… 도무지 찾을 방도가 없군요."

"찾지 마. 이 세상의 낙오병이 무슨 대답을 하겠어. 난 죄를 많이 지어서 아무것도 몰라. 거렁뱅이에게 뭘 묻지 말고 적선이나 하든지. 자기 자신이나 찾든지. 흐흐흐……."

깊은 심연 같은 목구멍에서 울려나오는 소리다. 내가 주머니에서 지폐를 꺼내 주자 노인은 잽싸게 받아 움켜쥐더니, 갑자기 등에 멘 배낭에서 노트 한 권을 꺼내 내민다. 받아 보니 표지가 푸른 두꺼운 노트다. 그런데 노트는 물에 젖어 축축하다.

"이게 뭐죠?"

"나도 몰라. 저쪽 세검정에 앉아 있던 어떤 술 취한 자가 개울 속에 던져 버리고 가길래 뭔가 하고 주워 왔지."

"이걸 왜 제게 주시죠?"

"그냥. 만 원짜리 한 장 줬으니 그냥 주는 거지 뭐. 혹시 대단한 길이 있을지도 모르니 한번 읽어 봐. 세상엔 별별 일이 다 있으니 혹시 보물지도라도 암호로 적혀 있을지 알아?"

노인은 나를 스쳐 지나간다. 두꺼운 옷을 잔뜩 껴입어서 뒤뚱뒤뚱 걷는다. 노인은 굼벵이처럼 등을 구부리고 천천히 굴 속으로 사라져

간다. 혹시 다른 세계에서 왔다가 스쳐 간 환상이었던가 싶다.

나는 고개를 돌리고 반대쪽으로 터벅터벅 걸어나간다. 굴 밖으로 나서니 긴장으로 진땀이 났던 살에 바람이 닿아 서늘하다. 아주 길었던 것 같은 굴속에서의 시간이 그 바람결에 녹아 사라진다.

길을 꺾어 흰 눈을 머리에 인 산을 바라보며 올라간다. 구름이 끼어 우중충한 하늘 한쪽 가에 옥빛이 조금 비치고 있다. 계속 걸어오르자 길 양쪽에서 졸졸 물소리가 들려온다. 구청에서 쉼터로 지어 놓은 듯한 아담한 정자가 나온다. 나는 그곳으로 들어가 앉아 푸른 노트를 조심스럽게 펼친다.

'무궁화 선비'라는 큰 제목 아래 깨알같이 작은 글자들이 빼곡히 적혀 있다. 지우고 고쳐 쓴 대목도 제법 많다. 청색 볼펜으로 쓴 것이라 물에 젖었지만 별로 번지지는 않아 충분히 알아볼 수가 있을 정도이다.

나는 누가 쓴지도 모르는 그 글을 천천히 읽어 내려간다.

제1부

세월은 삶의 기억이 새겨진 나뭇잎을
띄운 강물처럼 유유히 흐른다.
그러나 영영 어디론가 사라져 버리는 게 아니라,
어느 날 문득 곁으로 에돌아와 옛일을 떠올리곤
무심하게 흘러가기도 한다.

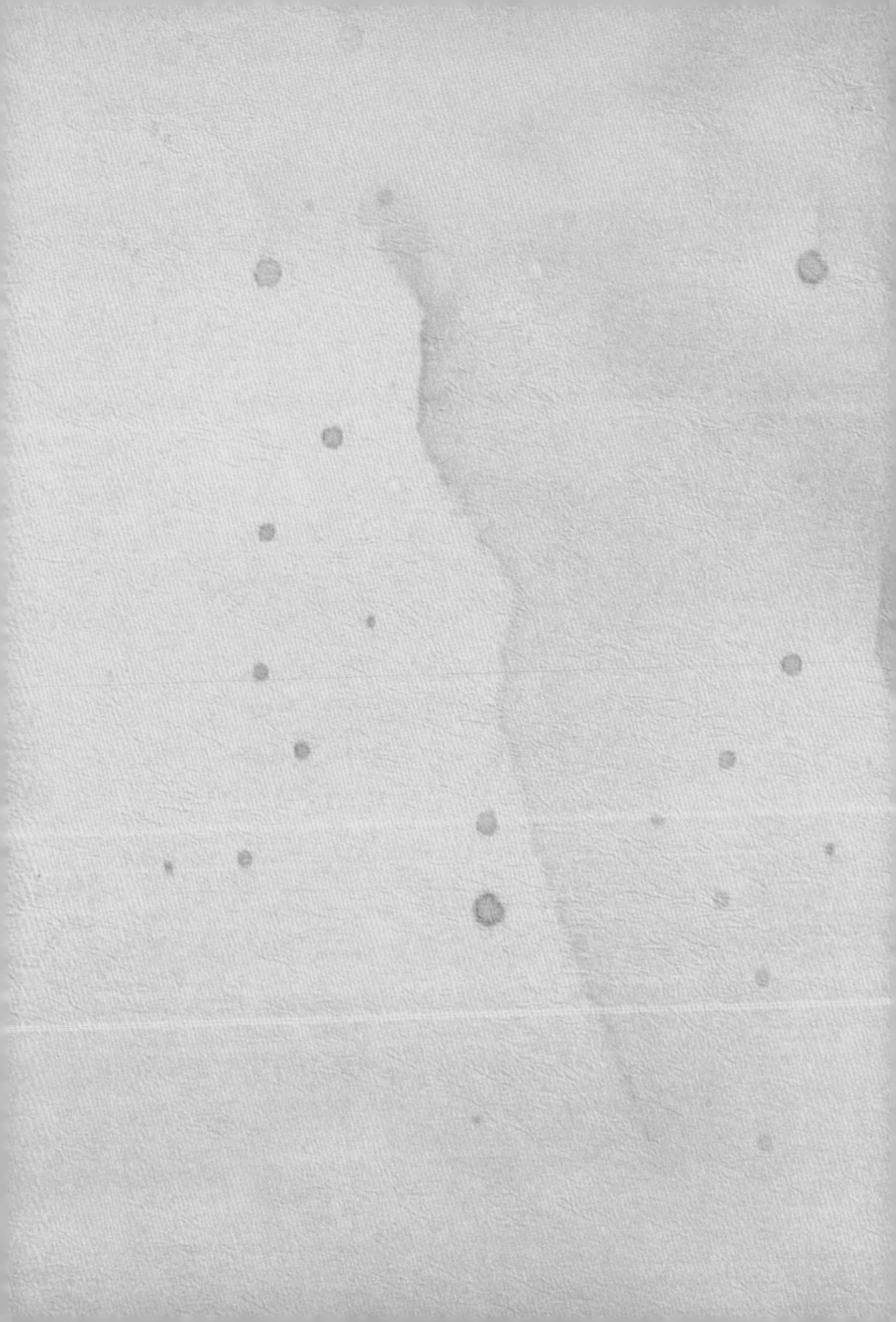

제1장

석양의 길목

서울 거리는 여느 날과 별반 다름이 없었다.

멀리 수도를 빙 둘러친 남산 자락으로부터 쓰르라미 울음소리가 아스라이 들려오는 듯도 했다. 물론 일상사에 바빠 정신없는 사람은 그 가슴속을 긁어내는 듯한 울음소리를 듣지 못했을 수도 있었다. 한낮의 햇볕은 쨍쨍 내리쬐어 각양각색인 사람들의 모습을 비추고 땀에 젖은 등에서 하릴없이 반사되기도 했다.

"자, 싸구려! 싸구려요! 지금 안 사면 기회가 없어요!"

장사치들은 몇 푼이라도 이윤을 남기기 위해 웃는 얼굴로 흥정을 받아 주고, 손님들은 조금이라도 싸게 사려고 짐짓 떼를 쓰거나 진상 짓을 떨어 보는 것이었다. 그러나 거리에는 어떤 흥정도 붙여 볼 수 없는 백수들이 더 많았다. 그들의 초라해 보이는 얼굴은 고달픈 삶에 찌들 대로 찌든 모습이었다.

지금으로부터 1백여 년 전인 1910년 늦여름.

그들이 아는지 어쩐지 모르지만, 그날 8월 29일은 한국(대한제국)이 일본의 수중으로 완전히 넘어간 날이었다. 그러나 그들이 설령 그 사실을 알았다고 해도 어쩔 수 없는 상황이었다. 일본 경찰과 군인들이 긴 칼을 차고 총을 든 채 여기저기서 감시의 눈을 번득거리고 있었기 때문이었다. 그 총검은 언제라도 불온분자의 목숨을 단번에 끊어 놓겠다는 듯 날이 서 있었다.

남궁억(南宮檍)은 종로통에 자리 잡은 신문사 창가에 서서 거리를 내려다보았다. 햇볕 속을 걸어 다니는 사람들은 마치 집을 파괴당한 채 이리저리 방황하는 개미처럼 보이기도 하고, 알 수 없는 유령이나 이방인처럼 낯설게 느껴지기도 했다.

"아아, 애달프구나! 나라 잃은 백성은 이제 앞으로 어찌 살아야 한단 말인가? 천하의 날강도 같은 일본 놈들! 나라의 힘이 허약하니 결국 도적들에게 누천년 동안 살아온 강토를 강탈당하고 마는구나."

그는 눈초리에 울분과 원한이 서린 눈물을 비추며 탄식했다. 물기에 젖었을지언정 그의 눈빛은 형형했다. 나라와 민족의 슬픈 운명을 마주한 듯한 눈이었다.

남궁억은 손에 들고 있던 원고를 다시 한번 천천히 읽어 보았다. 어쨌든 신문에 실어 사람들에게 진실을 알려야만 했다.

오늘의 참변은 이미 예상된 일이다. 하루아침에 이런 엄청난 일이 일어난 것은 결코 아니다.

이미 4년 전인 1906년 봄에 조선통감부가 설치되고 이토 히로부미伊藤博文가 초대 통감 자리에 올랐다. 그는 치밀하고도 계획적인 공정工程으로 한반도를 일본의 식민지로 만들려는 거대한 음모를 꾸몄다.

우선 일본 경찰을 늘이고 각급 학교에는 일본인 교사를 배치해 미리 식민교육 정책을 펼쳤다. 얼마 후엔 내각 총리대신이 된 이완용을 감언이설로 꼬드겨 한일신협약을 맺었다. 그것은 대한제국의 군대를 해산시키고 일본인을 정부의 고위직에 임명하여 통치권을 장악함으로써 이 나라를 말 그대로 허수아비로 만들려는 짓이었다…….

남궁억은 입속으로 신음 소리를 냈다. 그의 얼굴에 고뇌의 그림자가 서렸다. 일본 당국은 한국인의 눈과 귀와 입을 모조리 틀어막기 위해 신문지법을 제정해서, 민족 언론을 철저히 검열하고 통감부를 조금만 비판하면 강제로 폐간시켜 버리기도 했다. 과연 이 원고를 신문에 실을 수 있을지 걱정스러웠다.

지난 을사늑약 때는 한국인의 저항이 무척 심했고, 일제의 탄압으로 수많은 사상자가 났었다. 아, 그런데…… 수천 년 동안 조상이 살아온 땅, 앞으로도 동해물과 백두산이 마르고 닳도록 자식들이 살아갈 나라를 강탈당한 지금, 사람들은 울분을 느꼈지만, 일본군의 총칼 앞에서 겉으로 드러내지 못하고 있었다.

서울 시내 곳곳에 붙여진 공고문에는 일본 황제가 내려 준 글과 조약문을 붙여 한일병합의 내용을 알렸다. 사람들은 게시판 앞에 모여서서 한 자 한 자 똑똑히 읽었다. 한숨을 쉬고 눈물을 흘리며 이빨로 입술을 지그시 깨물기도 했다. 하지만 큰 소리는 내지 못하고 귓속 말로 수군거릴 뿐이었다. 이미 5년여 전에 중요한 것을 다 빼앗겨 버린 상태라 울분을 씹어 삼키며 체념한 듯도 했다.

남궁억은 남의 땅이 된 거리를 내려다보며 손을 들어 희끗희끗한 반백의 머리칼을 쓸어 올렸다. 훤한 이마에 굵은 주름살이 꿈틀거렸다.
그는 깊은 한숨을 토하곤 돌아서서 신문사 사무실을 둘러보았다. 어둡고 어수선한 분위기였다. 창간 이후 쭉 일본의 야욕과 횡포를 비판해 온 황성신문은 이제 절체절명의 위기에 놓여 있었다. 총독부는 눈엣가시 같은 이 민족신문을 이번 기회에 아예 없애 버리려고 잔뜩 벼르고 있었다. 숨통을 꽉 졸라 곧 숨이 넘어갈 지경이었다.
남궁억에게 황성신문은 마치 자식과도 같은 존재였다. 그는 12년 전 어려운 여건을 무릅쓰고 이 신문을 창간했다. 그때 이미 나라의 운명은 기울어 가는 저녁해와도 같았다. 어두운 때일수록 등불이 필요했다. 그는 어두운 길을 걸어가는 민족에게 등대 불빛이 되어 주고 싶었다. 한반도를 한입에 집어삼키려 호시탐탐 노리는 외세의 검은 속셈을 고발하고 조정의 부정부패를 파헤치며 백성을 일깨워야만 나라를 살릴 길이 열린다고 생각했다.

어렵고 고달팠던 일, 그런 중에도 한편으론 보람을 느꼈던 순간들이 주마등처럼 그의 머릿속을 스쳐 갔다. 여러 차례 경무청의 감옥에 끌려가 고초를 겪기도 했다. 육신이 찢어지는 고통이었지만, 지금 이 순간처럼 마음이 괴롭지는 않았다. 그때는 조금이나마 희망의 빛이 보였기 때문이었다. 지금은 그저 눈앞이 캄캄하기만 했다. 감옥에서 나온 뒤에는 사장직을 사임하고 장지연에게 넘겨주었지만, 여전히 관심의 줄을 놓지 않고 있었던 것이었다. 그런 친자식 같은 신문의 마지막 나날을 바라보는 그의 마음은 암울하기만 했다. 개인적인 욕심이 아니라 오로지 민족의 앞날을 밝히기 위해 만든 신문이었기에 더욱 마음이 캄캄할 수밖에 없었다.

'아, 이제 어디로 가야 한단 말인가? 누구에게 지혜를 빌려야 나아갈 길을 알게 되리오!'

남궁억은 혼잣말로 중얼거리며 신문사 문을 나섰다. 한여름인데도 그는 흰 한복을 단정히 입고 있었다. 후텁지근한 바람이 불어와 두루마기 자락을 날렸다. 쉰 살이 가까운 나이인데도 그의 풍채는 당당했다. 선이 굵은 수려한 이목구비에 허연 수염이 휘날리는 헌헌장부의 모습이었다.

핏빛처럼 붉은 도리우찌(납작모자)를 푹 눌러 쓴 젊은 사내 하나가 멀찍이서 남궁억의 뒤를 미행했다. 일본 경찰은 혹시 일어날지 모를 한국인들의 저항과 시위를 막기 위해 여러 정치 사회단체의 집회를 철저히 금지하고, 또 지식인들의 동태를 세밀히 파악해 감시하는 중이었다. 세 명만 모여도 검문을 하고 마구 연행해 가기도 했다.

남궁억은 흘낏 뒤돌아보곤 사내를 따돌려 버리려고 갖은 방법을 썼지만, 찰거머리처럼 따라붙는 녀석을 도무지 어쩔 도리가 없었다. 친구들을 만나 고민을 나누고 앞날을 의논하고 싶어도 그럴 형편이 아니었다. 밀정의 감시를 벗어나기도 어렵지만, 만약 경찰의 경고를 무시하고 누군가를 만나는 등 수상한 행동을 했다가는 백주 대낮에 미친개들에게 무슨 테러를 당할지 모를 노릇이었다.

"쥐새끼 같은 놈."

남궁억은 입속으로 중얼거렸다.

어스름 녘에 남궁억은 결국 집으로 돌아갔다. 늙은 어머니와 부인의 얼굴에도 수심이 가득했다. 그래도 가장이 별 탈 없이 귀가하자 한숨들을 쉬며 저녁 밥상을 준비했다. 그러나 남궁억은 냉수 한 그릇으로 마른 목을 축였을 뿐 수저는 들지 않았다. 입맛이 전혀 없는지 마룻바닥만 멍하니 내려다보았다. 모기떼가 앵앵거리며 피를 한 방울이라도 더 빨아 먹으려고 달려들었지만, 그는 그 흡혈귀들을 쫓으려고도 하지 않았다.

"원통하더라도 몇 술이나마 뜨시게나. 그래야 정신을 채려 헤쳐 나가지."

늙은 어머니가 낮은 음성으로 말했다. 부인도 그래야 한다는 듯 수저를 들어 주었다. 그러나 남궁억은 아무런 생각도 없는 듯 고개만 가볍게 저으며 한숨을 뱉을 뿐이었다.

"아무래도 못 먹겠군요."

그는 어머니에게 인사를 하고 부인의 손을 살짝 잡아 준 뒤 일어서서 자신의 방으로 들어갔다. 서재로도 쓰는 그곳엔 많은 책이 단정히 정돈되어 있었다.

남궁억은 의자에 앉아 태극 문양이 놓인 부채를 집어들어 두어 번 부쳤다. 그러나 곧 부채를 놓고 두 손을 모아 턱을 괴었다. 그는 침통한 목소리로 중얼거렸다.

"하나의 국가가 어찌 이토록 허망하게 사라져야만 했던가? 생각할수록 두려운 일이다. 이제 앞으로 일본은 친일파를 제외한 한민족 백성들을 개돼지보다 더 못하게 취급하고, 제 기분대로 얼굴에 침을 뱉거나 히히 웃으면서 마구 죽일 것이다. 아, 어찌해야 하는가?"

밤이 깊어갔으나 그는 잠들지 못한 채 깊디깊은 한숨과 신음 소리를 흘리고 있었다. 멀리서 첫닭이 우는 소리를 듣고 무심중에 자리에 들기는 했으나 이리저리 뒤척거리기만 했다.

아침에 일어나 창문을 열고 동녘의 해를 바라보는 그의 얼굴은 하룻밤 사이에 퍽이나 수척하고 머리카락도 더 하얗게 세어 버린 듯했다. 그는 아내가 들고 온 물을 한 모금 넘기긴 했으나 그날 내내 음식은 입에 대지 않았다. 늙은 어머니와 아내의 간청에 못 이겨 수저를 들었다가도 아무런 식욕이 없는지 내려놓고는 서재로 들어가 버렸다.

그렇게 그는 닷새 동안이나 침식을 잊은 채로 고민하고 있었다. 마음이 심한 고민에 빠져 있을 때는 몸도 음식을 받아들이지 못하는 모양이었다. 그의 얼굴은 핼쑥하고 핏발이 선 눈은 깊은 우물처럼 퀭해 보였다. 그러면서도 눈동자에서는 이상하게도 강렬한 빛이 났다.

오후에 그는 집을 나와 남산으로 올라갔다.
늦여름의 매미들이 처량한 가락으로 마지막 울음을 울고 있었다. 몇 해 동안이나 어두운 땅속에서 빛을 그리며 살다가 날개를 달고 나와서는 겨우 한 달쯤 저렇게 울어대다가 흔적도 남기지 않고 죽고 마는 매미였다. 매미도 자기가 짧은 기간이나마 사는 이 나라를 빼앗긴 것이 원통한지 목을 놓아 울고 있었다.
남궁억은 누구에게도 말할 수 없이 괴로울 때나 혹은 뭔가 중요한 결단을 내려야만 할 때는 남산을 찾아 오르곤 했다. 산은 세상 속에서 나쁜 일이 있더라도 그것에 굴복하지 말고 꿋꿋한 정신으로 일어서서 옳게 살아 나가라는 메시지와 기운을 주었다.
남산 꼭대기에서는 사람들이 사는 동네가 훤히 내려다보였다. 기분 때문인지 옛날처럼 활기도 없고, 기분이 그래서 그런지 도시 전체가 거대한 공동묘지처럼 느껴졌다. 흰 옷을 입고 천천히 걸어 다니는 사람들이 마치 유령인 것만 같았다. 그리고 저 멀리 경복궁과 경운궁이 보였다. 6백 년 왕조의 희비애락이 서려 있는 곳, 며칠 전에 한일병합 조약이 강압에 의해 이뤄진 곳. 그 쓸쓸한 황성의 지붕마루에 석양이 비치고 있었다.
일본 제국주의자들은 이미 오래전부터 조선을 집어삼키려는 야욕을 드러내고 있었다. 한국에 부임한 이토 히로부미는 친일단체인 일진회를 뒤에서 조종하여 대한제국을 허수아비 꼴로 만들려는 흉계를 꾸몄다. 그런 다음 그는 총을 든 일본 군사를 이끌고 경운궁으로 쳐들어갔다.

"흐흐흐, 이미 대세가 기울었으니 여기에 서명하시오!"

이토 히로부미는 고종 임금과 국무대신들을 위협하면서 조약문에 서명하라고 강요했다.

"결코 안 될 일이오!"

고종은 끝까지 거부했다. 그러자 이토 히로부미는 먼저 외부대신 박제순의 직인을 가져와 조약문서에 찍게끔 했다. 회의장에서 몇몇 대신은 그 불평등한 조약에 반대했지만, 학부대신 이완용, 군부대신 이근택, 내부대신 이지용, 외부대신 박제순, 농상공부대신 권중현 등은 고종 임금에게 책임을 떠넘기며 조약 체결에 찬성했다. 역사는 이들을 '을사오적'乙巳五賊이라 부른다.

"자, 여덟 명의 대신 가운데 다섯 명이나 찬성하였으므로 조약은 가결되었소! 흐흐흐……."

이토 히로부미는 뻔뻔스레 웃으며 선언하였다. 이제 대한제국은 명목상으로는 국가이지만 통치권을 모두 빼앗겨 사실상 일본 제국주의의 식민지가 되고 말았다.

늦가을의 차가운 비가 세찬 바람과 함께 을씨년스럽게 부슬부슬 내렸다. 나라 잃은 백성의 눈물과도 같았다. 그와 달리 을사오적들은 일본으로부터 백작의 작위와 많은 돈을 받고 희희낙락했다. 고종은 "짐을 협박하여 체결한 조약은 엉터리다!"라고 선언하고, 해외에 특사를 보내 알리도록 했다. 그러자 일본은 고종을 강제로 퇴위시키고 순종을 즉위시켰다.

　엉터리 조약에 대한 반대운동과 항일투쟁이 전국 각지에서 격렬하게 벌어졌다. 의병들이 들불처럼 일어나 일본 경찰을 공격했다. 일본 군대와 경찰은 총칼을 앞세워 마구 쏘고 찔렀다.

　이 시기 남궁억은 관여하던 황성신문에 일본의 잔인함을 고발하고 조약 무효를 주장하는 장지연의 논설 '오늘 목놓아 통곡한다'를 실었다가 무기정간을 당하고 말았다.

　바람이 불어와 그의 머리칼을 흩날렸다.
　"과연 어느 쪽을 택해야 사내대장부의 길을 걷는 것일까?"
　남궁억은 큰 소나무에 기대선 채 심각한 표정으로 자신에게 물었다.
　"죽는 사람도 있고, 살아가는 사람도 있다. 죽는 건 문제가 아니다. 그러나 그런다고 무엇이 달라지는가? 내가 죽어 이 나라가 되살아난다면 지금 당장에라도 그러겠다. 하지만 죽는다 해도 살인강도 같은 일본 놈들은 눈썹 하나 까딱하지 않을 것이다. 오히려 히죽 웃고 말겠지. 아! 물론 목숨을 끊어 버리면 이토록 심한 울분과 괴로움도 끝이 나겠지. 하지만 내 한 몸의 고통을 잊기 위해 자살을 선택한다는 건 비겁한 짓이다. 설령 어떤 고통을 겪더라도 살아서 이 나라를 되찾는 방도를 모색하는 게 사내 장부가 할 일이 아니겠는가?"

그는 소나무를 쳐다보면서 마치 조언을 구하기라도 하듯이 물었다.

"외부의 상황이 나쁘다고 해서 그 나쁜 상황에 그냥 억눌려 살아서는 안 된다. 그건 소나 돼지 같은 짐승이라도 할 수 있는 일이다. 아니, 짐승이나 하는 짓이다. 그런 삶은 인간의 치욕이다! 상황을 개선해 나가는 것이 바로 인간다운 삶이라고 할 수 있다. 우리 내부의 깨달음, 그리고 거기에서 나오는 힘을 모아 악한 환경을 깨부수고 멋진 세상을 건설하지 않으면 안 된다."

그는 소나무에 이마를 댄 채 가만히 서 있었다. 소나무 속에서 지혜의 소리가 들려오길 기다리는 모습이었다. 푸른 솔잎이 바람에 흔들리며 솔향을 뿌렸다.

암흑의 시내에 한국인이 선택할 수 있는 길은 많지 않았다. 죽은 듯이 조용히 시키는 대로 살거나, 일본 경찰의 무자비한 총칼에 맞서 죽음을 무릅쓰고 투쟁하거나, 또는 먼 외국으로 망명하여 내일을 준비하며 기다리는 것 등이었다. 수많은 애국지사들이 차마 원통해 목숨을 끊거나 중국의 상하이, 간도, 미국 등지로 떠났다.

조선총독부에서는 조선인들을 통제하기 위해 그 성향을 몇 종류로 분류했다.

- 이제 나라의 독립이 가능하지 않은 일이라고 단념한 채 고분고분 살아가는 자들.

- 일본인에 빌붙어서 동족을 괴롭히며 살아가는 친일파.
- 조선의 문화가 일본보다 못하므로 배워야 한다고 주장하는 개화파.
- 나라의 멸망을 개탄하며 입으로만 뇌까리는 양반 유생.
- 지하로 숨어들거나 해외로 망명하여 항일 독립운동을 시도하는 자들.

그리고 우매한 조선 백성은 나라가 멸망하든 말든 당장 먹고 살 일을 걱정할 것이라 파악했다.

남궁억은 산 아래의 시가지를 가만히 내려다보며 입술을 움직였다.

"무엇보다 내가 잘할 수 있는 일을 해야 한다. 나의 모든 것을 바쳐 끝끝내 해야만 할 일을……."

결국 남궁억은 이 땅에 남아서 우리 민족 내부의 변화를 꾀하고 힘을 길러 나라를 되찾는 길을 선택했다. 백성 한 사람 한 사람이 민족의 현실에 눈을 뜨고 참된 실력을 갖출 때 그것이 한데 모여 거대한 동력이 되어 악질 강도를 몰아내고 내 집 내 강토를 되찾게 되리라고 믿었던 것이다.

"머나먼 국외로 나가 찬 이슬을 맞으며 조국 독립을 위해 투쟁하는 사람이 있다면 또 누군가는 이 땅에 남아 할 일이 있지 않겠는가?"

그는 자문자답하듯 말하곤 고개를 끄덕였다. 수척했던 그의 얼굴과 눈빛이 한층 강렬해졌다.

서산마루에 걸려 있던 석양의 마지막 빛이 반짝였다. 그 빛이 절망일지 희망일지는 아무도 알 수 없는 험악한 시대가 왔다. 해가 지고 어스름이 시나브로 내리기 시작했다. 풀숲 어디선가 풀벌레가 아픈 속마음을 긁듯 울어댔다.
 그는 천천히 산길을 걸어 내려갔다.

제2장

첫 수업

　초가을의 높푸른 하늘에서 밝은 햇살이 내리비쳤다.
　끈적끈적하게 들러붙던 더위도 저만큼 물러가고 선선한 바람이 불어왔다. 극성스럽던 모기떼도 거의 다 사라지고 이따금 힘을 잃은 녀석이 구석진 곳에 엎드려 마지막 숨을 몰아쉬었다. 옛사람들은 한여름에 그토록 물어뜯겼는데도 왠지 가을 모기를 보면 애처롭게 여겨 죽이지 않았다. 그렇게 심성이 착한 사람들이었다.
　하지만 이 땅엔 더 이상 평화가 없었다. 간악한 일본 놈들이 조선 사람을 모기보다 더 하찮게 여기며 살벌하게 설쳐댔다.
　초대 조선 총독 데라우치寺內正毅는 일본국 황제로부터 받은 명령에 따라 식민지의 백성을 철저하게 탄압하는 정책을 폈다. 그들은 일본

본토를 내지, 조선은 외지라고 차별하여 불렀다. '조센진'은 신성한 일본인에게 개돼지처럼 취급받아야 하는 식민지의 백성이 되고 말았다. 설령 재능이 있고 힘이 있다고 한들 제 마음껏 펼칠 수도 없었다.

총독부는 한민족의 눈과 귀와 입이 되어 주던 황성신문을 결국 폐간시켜 버렸다. 이제 조선인들은 자기 나라에서 무슨 일이 일어나든 장님이 되고 귀머거리가 되고 벙어리가 되어 살아야 했다. 오직 일본의 입장에서 알려주는 엉터리 뉴스를 사실인 양 받아들여야 할 처지였다. 그것은 암흑보다 더 암울한 거짓의 세계였다.

"아, 어쩌면 좋은가!"

조금씩 마음을 추스르며 무엇인가 할 일을 궁리하고 있던 남궁억은 또다시 가슴이 밍드는 타격을 받았다. 그 어떤 돌파구도 보이지 않는 절망적인 상황이었다.

남궁억뿐만 아니라 모든 애국지사가 일본의 억압정책에 손발이 묶인 채 이빨을 갈고 깊은 한숨을 쉬며 하루하루를 지냈다.

그런 어느 날이었다. 가을이 깊어갈 무렵이었다. 오후에 배화학당培花學堂으로부터 남궁억에게 영어 교사로 와 달라는 연락이 왔다. 종로에 자리잡은 배화학당은 미국의 선교사인 캠벨J.P. Campbell이 기독교 복음 전파와 여성 교육을 목적으로 설립한 여학교였다.

남궁억은 오래 생각하지 않고 승낙했다. 교육은 그가 오래전부터 해온 일이었으며 스스로 필생의 사업이라 여기고 있었다.

그는 예전에 민영환이 설립한 홍화학교에서 우리 역사와 영문법을 가르친 적이 있었다. 그리고 양양군수로 재직할 때는 직접 현산학교를 설립해 가르치기도 했다. 몇 년 전에는 관동학회를 설립해 청년 교육사업을 벌일 정도로 그는 교육의 힘을 믿었다. 더구나 지금은 나라를 빼앗겨 민족의 얼과 마음마저 짓밟히고 있지 않은가. 하루빨리 민족정신을 지닌 인재를 길러내 나라를 되찾을 궁리를 해야만 했다.

배화학당에 부임하기 전부터 남궁억은 밤이 늦도록 등불을 밝혀 놓고 미리 수업 준비를 했다. 배화학당은 학생이 모두 여자이기 때문에 그 특성에 맞게 가르칠 필요가 있었다.

그는 교사로서 자신이 추진해 나갈 교육 목표를 정했다.

첫째, 자라나는 젊은 세대를 올바르게 길러야 나라의 미래가 있다. 특히 여성 교육이 제대로 되어야만 현모양처로서 가정과 사회를 밝게 한다. 여자는 약하지만, 어머니는 강하다. 그로 인하여 다음으로 이어지는 미래 교육에 기대를 걸 수가 있다.

둘째, 우리말과 역사를 올바로 가르쳐야만 주체적인 인간으로서 자주 독립의 밑거름이 될 수 있다. 역사는 과거의 일만이 아니고, 오늘 어떻게 살아야 할지 가르쳐주는 거울이다. 오늘과 내일의 삶에 유익한 역사교육을 한다. 우리말에는 우리 민족의 정신이 살아 숨쉬고 있다는 점을 늘 잊지 않도록 한다.

셋째, 지식 위주의 교육보다는 참된 사람으로서 갖추어야 할 인성을 교육한다. 생활에 필요한 지식을 실천적으로 가르쳐서 자기 힘으로 험한 세상을 살아갈 만한 힘을 길러 준다.

다음날 아침 남궁억은 흰 한복 두루마기를 단정히 차려입고 학교로 나갔다. 길가와 공원의 나무들이 소슬바람에 낙엽을 한 잎 두 잎 떨구고 있었다. 좀 이른 시간이었다.

그는 인력거를 타지 않고, 흰 고무신을 신은 채 뚜벅뚜벅 걸었다. 그는 사람이 끄는 인력거를 절대로 타지 않았다. 같은 사람으로서 어찌 사람이 끄는 수레를 탈 수 있느냐는 이유에서였다. 그는 빈부귀천을 가리지 않고 인간은 누구나 평등하다고 생각했다.

그 당시엔 아직 조선인끼리도 신분의 차별이 심하고 남자와 여자의 구별도 심했다. 그래서 신분이 낮은 사람이나 여자는 공부도 제대로 할 수 없었다. 선교사들에 의해 여학교가 세워지긴 했어도 학생이 얼마 되지 않았다. 여자가 공부하는 것은 마치 암탉이 우는 것처럼 가당찮고 재수없는 노릇이라 여기던 시절이었다.

하지만 남궁억은 그런 고리타분한 생각을 일찌감치 버린 상태였다. 생각만 그런 게 아니라 실제 행동으로써 낡아빠진 사고방식을 타파하려고 노력했다. 일찍이 그 자신이 주위 사람들의 멸시와 비웃음을 무릅쓰고 영어학교에 입학하여 외국어와 신학문을 배웠던 것이다. 사람은 부자든 가난하든 잘생겼든 못생겼든 남자든 여자든 나이가 많든 적든 누구나 배움을 통해 자기를 계발하여 훌륭하게 살아야 한다고 믿었다. 그러했기에 그가 설립한 학교에는 어떤 사람이든 뜻만 있다면 와서 마음껏 배울 기회가 주어졌다.

공원을 돌아 좀 걸어가자 단아한 학교 건물이 보였다. 남궁억은 좀

비장한 기색을 띤 표정으로 교문을 들어서 운동장을 지나갔다.

소녀들이 초롱초롱한 눈빛으로 낯선 사람을 바라보았다. 허연 수염을 기르고 두루마기 차림에 고무신을 신은 그 남자가 새로 오시는 선생님이라는 사실을 전혀 모르는 눈치였다.

"안녕하세요?"

소녀들은 고개 숙여 인사를 하기도 하고 저희들끼리 뭐라고 속닥거리기도 했다.

"여러분도 안녕하세요?"

남궁억은 대꾸하고는 미소를 지었다.

교무실에 들러 얘기를 나눈 뒤 교장과 함께 교실로 들어갔다.

"새로 오신 남궁억 선생님이십네다."

외국인 교장은 억양이 이상스런 조선말로 소개했다. 그런 다음 곧 밖으로 나갔다.

"예쁘고 총명한 여러분을 만나서 반갑습니다."

남궁억은 학생들에게 인사를 한 뒤 칠판에 자신의 이름을 한 자 한 자 눌러썼다.

"이름은 부모님께서 붙여 주신 것이라 소중하지만, 또한 그 속에 자신의 인격과 개성이 깃들어 있기에 중요합니다. 사람은 자기 이름에 책임을 져야 합니다. 지금 우리나라는 정식 이름을 일본에 빼앗겨 버려서 없습니다. 이름이 없다는 것이 무슨 의미인지 자신의 이름을 걸고 깊이 생각해 보세요. 과연 어떻게 해야 할까요?"

"이름이 없으면 우리가 누군지 아리송하니까 되찾아야만 해요!"
앞쪽에 앉은 한 소녀가 대답했다.
"그래야지요. 그러기 위해서는 어떤 어려움이 있더라도 정신을 바짝 차리고 공부해야 합니다. 여기서 하나 강조합니다. 여러분은 서구의 유익한 문물을 진취적으로 받아들이되, 우리 고유의 얼과 미풍양속을 결코 잃지 말아야 합니다."
"네!"
모두 함께 대답했다.
"지금은 영어 시간이지만 더 중요한 문제라서 먼저 이야기해 보았답니다. 자, 이제 공부를 시작하겠습니다."
맨 앞줄에 앉있던 소녀가 손을 들더니 말했다.
"선생님, 이토 히로부미가 우리 안중근 의사께 총살당했잖아요? 그런데 왜 나라를 빼앗기게 되었나요?"
남궁억은 목청을 한번 울리고 나서 침착하게 말했다.
"그 후인 1910년 늦은 봄, 일본은 육군대장 데라우치를 통감으로 임명해 조선으로 보냈어요. 그자는 일본 제국주의의 충실하고도 저돌적인 하수인이었습니다. 데라우치는 친일파의 괴수인 이완용과 함께 모의하여 우리 한반도를 완전히 뺏어 먹을 작전을 짰답니다. 그자는 일본정부가 만들어 보낸 조약안을 들고 회의장으로 들어가 동의하라고 강요했어요. 수많은 경찰을 거느린 삼엄한 공포 분위기 속에서였지요. 그리하여 데라우치는 결국 우리 순종 임금의 허락과 대신들의 동의를 받아냈답니다. 마침내 8월 29일 순종 임금은 '일본국 황제에게 대한제국의 모든 통치권을 영구히 양도한다.'라는 조서를 내려 한일합병 조약의 체결을 공포했습니다. 이에 따라 일본은 우리 대한제국의 국호를 고쳐서 조선이라 부르고, 한반도에 총독부를 설치해 자기들의 식민지로서 완전히 통치하게 된 것이지요."

남궁억은 손수건을 꺼내 이마를 문질렀다. 그리고 덧붙였다.

"안중근 의사와 같은 한 명의 영웅은 목표의 길잡이가 되어 주지만, 영웅 혼자만으로는 큰일을 이룰 수가 없습니다. 백성이 모두 참뜻으로 깨어나 뭉칠 때라야만 악의 나라를 물리치고 찬란한 빛의 나라를 세울 수가 있답니다. 앞으로 여러분이 주인공이 되어 그런 나라를 건설해야 합니다."

질문자뿐만 아니라 많은 학생들은 고개를 끄덕거렸다.

"선생님, 저도 질문이 있는데요."

중간쯤 앉은 학생이 손을 들고 말했다.

"네, 말해 보세요."

"저희 집 옆에 일본 사람이 이사 와서 살고 있는데요. 그 집 애가 참 예쁘고 착하거든요. 제가 그 애와 동무해서 친하게 지내면 안 되나요? 일본 사람은 모두 나쁘니 미워해야 하나요?"

남궁억 선생은 곧 대답하지 않고 눈길을 돌려 창밖을 바라보았다. 침묵이 흘렀다. 과연 어떤 대답이 나올지 학생들은 숨을 죽이고 기다렸다.

이윽고 그는 기침을 한 후 학생들을 똑바로 바라보면서 천천히 입을 열었다.

"일본인이라고 모두 다 나쁘지는 않습니다. 사람의 성품은 본래 착하지도 않고 나쁘지도 않고 하얀 천과 같습니다. 그 하얀 천에 빨간 물을 들이면 빨강 보자기가 되고, 검은 물을 들이면 검정 보자기가 되지요. 사람은 순수하게 태어나지만 살아가면서 여러가지로 세상의 영향을 받습니다. 일본 제국주의는 남의 나라를 침략하는 것을 미화시키기 위해 조선인뿐만 아니라 자기네 국민도 속이고 세뇌시킵니다. 조선인은 개돼지처럼 더럽고 열등한 자들이므로 일본이 지배해서 끌고 가야 한다고 세뇌를 합니다. 일단 하얀 천에 검은 물이 들어 버리면 흰 바탕을 알아볼 수 없게 됩니다. 말하자면, 어떤 사람이 나쁜 것이 아니라 그 사람의 잘못된 생각이 나쁜 것입니다. 그러므로 우리는 정신을 바짝 차리고 세뇌되지 않도록 주의해야 하겠죠. 일본놈들뿐만 아니라, 양의 탈을 쓴 이리 같은 친일파들의 감언이설에도 속아 넘어가지 않아야 한다는 말입니다. 동서고금을 막론하고 나쁜 정부는 언제나 국민을 속이려 한다는 사실을 명심해야 합니다. 그러려면 배움을 통해 우리들 자신이 깨어나야 하며, 나아가 이 민족을 깨우기 위해 노력해야 합니다. 여러분, 알았죠?"

"네!"

어린 소녀들은 합창하듯 대답했다. 몇십 분 사이에 눈빛이 더 초롱초롱해진 것만 같았다.

"미움만으로는 미움 그 자체를 극복할 수가 없습니다. 우리가 무엇을 미워하면 미운 그것을 닮게 됩니다. 그만큼 그것에 집중을 하게 되어 무의식적으로 닮아지는 것입니다. 그러므로 미워하기 전에 우리 자신의 내면을 계발하여 아름답게 활짝 꽃피워야만 합니다."

남궁억은 손녀 같은 학생들에게 반말을 하지 않고 높임말을 썼다. 교육이란 지위 높은 교사가 낮은 학생들에게 일방적으로 가르치는 게 아니라, 서로 묻고 배워서 함께 깨달아 가는 과정이라고 생각했기 때문이었다. 그런 태도는 겉꾸밈이 아니라 그의 깊은 마음에서 우러나왔기 때문에 아주 자연스러웠다.

학생들은 그의 수업 시간에 자신들이 존중받으며, 각자가 모두 중요한 존재임을 실감할 수 있었다.

종이 울렸다. 첫 시간이기도 했지만, 질문과 대화로 이어지는 수업 방식 때문인지 학생들은 집중했다. 모두들 흡족한 표정이었으며 개중엔 너무 빨리 끝났다며 아쉬워하는 아이도 있었다.

제3장 눈물 먹은 꽃

　가을바람에 떨어진 나뭇잎들이 교정 여기저기 쓸쓸히 구르고 있었다.

　남궁억은 처음엔 영어 교사로 배화학당에 초빙되었지만, 차츰 조선 역사, 한글 붓글씨, 가정교육 등을 가르쳤다. 학교 측에서도 그의 인품과 교육 능력을 믿었으며, 학생들도 그를 무척 따랐다.

　총독부는 식민교육을 강화시키고 있었으나 선교사들이 세운 학교에 대해서는 민족학교에 비해 아직 탄압이 심하지 않은 편이었다. 그래도 드러내놓고 한글과 우리 역사를 가르칠 형편은 아니었다. 만일 들키는 날엔 악랄한 총독부 경찰에 잡혀 갈 각오를 해야 했다.

　남궁억은 그런 감시를 피해 우리 역사를 가르치면서 학생들에게 애국심을 고취시켰고, 한글 붓글씨를 통해서는 정숙한 마음가짐과 민족의 얼을 가슴속 깊이 새기도록 했다.

　얼마 후부터는 배화학당에서 퇴근한 뒤엔 상동에 있는 '청년야학원'에 나가 가난한 학생들을 가르치기도 했다. 어려운 현실에 굴복하지 않고 미래를 향해 한 글자라도 배우려고 찾아오는 젊은이들을 바라보며 그는 눈시울을 붉혔다. 그는 바쁜 와중에도 야학원 원장을 맡아 교육에 대한 열정을 불태웠다.

　시간은 빠르게 흘러갔다. 남궁억의 집념 어린 노력에 힘입어 배화학당은 민족교육의 요람으로 발전해 나갔다. 그는 학생들의 존경을 한몸에 받고 있었다. 단순한 지식의 암기가 아닌, 곰곰이 되씹을수록 살아가는 데 살이 되고 피가 되는 말씀이 수업시간을 채웠다. 그리고 일방적인 주입식이 아니라 중요한 문제는 서로 토론하여 해결책을 찾는 방식이라 재미있었다. 그의 정연한 논리와 열정적인 음성은 학생들의 주목을 끌어모으고 젊은 피를 끓게 했다.

　"우리가 잊고 지내기 쉽지만, 말과 글에는 나라와 민족의 생활과 영혼이 살아 숨쉬고 있습니다. 만약 한글이 없었다면 우리는 '아버지'라고 말하면서 글은 '父' 또는 'father'라고 써야 할 것입니다. '방글방글' 웃는 모습이나 '넘실넘실' 흐르는 강물은 표현할 수도 없을 테고요. 아주 불편하고 답답하겠죠? 그래서 오래전 세종 임금과 집현전 학자들이 온갖 어려움을 이겨내며 한글을 만들어 널리 폈던 것입니다. 어려움을 극복하고 피워낸 꽃과 열매가 더 아름답고 달콤하다는 사실을 우리는 잊지 맙시다."

이처럼 나라 잃은 아픔을 가슴에 안고 사는 학생들에게 언제나 희망을 심어 주려 했다. 그래도 우울할 때는 책을 덮곤 학생들과 함께 하모니카를 불고 노래를 부르며 웃는 모습을 잃지 않으려 애썼다.

우리를 낳고 기른 한반도 강산아
네 길이 복 받고 무궁하여라
삼각산의 암석이 다 부서지고
양양한 한강물이 다 마르도록
우리 우리 조선의 아름다움을
해와 달과 한가지로 짝하리로다

자신이 직접 가사를 짓고 곡을 붙인 노래를 아이들과 함께 부르다 보면 감수성이 예민한 여학생들은 훌쩍거리며 눈물을 흘리기도 했다. 그러면 남궁억은 자상한 목소리로 이런 말을 했다.

"여러분의 눈물이 슬픔보다는 희망의 마음에서 우러나온 것이면 좋겠군요. 슬픔은 우리를 멈추게 합니다. 희망이 보이지 않더라도 우리 스스로 희망을 만들면서 저 목적지를 향해 걸어나갑시다!"

"네!"

이 노래는 모두 4절로 되어 있는데, 1절에서 한반도의 모습을 호랑이가 대륙을 향해 앞발을 쳐들고 포효하는 웅혼한 모습으로 그렸다.

조선 팔도강산의 학생들은 이 '조선지리가'를 부르며 '맹호웅비도'를 그리곤 했으므로 총독부는 마침내 노래를 금지시켜 버리고 말았다. 그리고 한반도의 모습을 토끼와 닮았다고 가르치게 했다. 조선인을 허약하고 순종하는 민족으로 깎아내리기 위해서였다.

그런 어느 날 남궁억은 문득 기발한 생각을 하나 떠올렸다.

"여러분, 주목해 보세요."

그는 학생들에게 민족의식과 독립정신을 심어 주기 위하여 무궁화로 한반도 13도의 모습을 자수로 놓도록 지도했다. 태백산맥을 굵은 나무줄기로 삼아 거기에서 여러 곳으로 뻗어 나간 가지에 무궁화를 수놓는 것이었다.

여학생들은 자신의 손끝에서 한 땀 한 땀 아름답게 피어나는 무궁화 자수를 보면서 여성다운 섬세한 심성을 가꾸는 동시에 가슴 깊이 애국심을 새겼다.

"얼이 살아 있으면 희망도 있습니다. 빼앗긴 땅이지만 우리가 한 송이 한 송이 수놓아 금수강산을 채운다면 언젠가는 꼭 되찾게 될 것입니다."

학생들은 삼천리 금수강산에 무궁화가 송이송이 활짝 피어난 모습을 정성 들여 수놓았다. 무궁화 자수는 점점 전국적으로 퍼져 나가 각 가정의 장식품으로 활용되고 애국정신을 기르는 데 큰 역할을 했다. 또한 무궁화를 수놓은 손수건과 삼동주 태극기를 비밀리에 국외의 애국지사들에게 보내기도 했다.

총독부는 태극기와 함께 무궁화를 우리 민족과 멀리 떼어놓기 위한 술책을 꾸몄다. 그들은 무궁화를 볼품없는 지저분한 꽃이라고 비하했으며, 어린 학생들에게 무궁화를 보면 눈병이 난다느니 심지어 눈이 먼다고까지 거짓말로 세뇌를 했다. 이것으로도 부족하여 어떤 곳에도 무궁화를 심지 못하게 하고, 이미 자라고 있는 무궁화를 뽑아 오는 학생들에게는 상을 주기도 했다. 무궁화가 뽑힌 자리에는 벚꽃을 심어 우리 강산을 영원히 일본의 식민지로 만들려는 정책을 폈다.

남궁억은 영문법 시간을 이용해 몰래 우리 말과 역사를 가르쳤다. 총독부의 날카로운 감시의 눈이 배화학당에서도 점점 더 번득거렸기 때문이었다.

경성京城 거리에는 일찍 핀 벚꽃 잎이 져서 어지럽게 휘날리고 있었다. 일본은 정복자임을 과시하듯 식민지인 조선 땅의 유서 깊고 정겨운 지명들을 모두 일본식으로 바꾸었는데, 서울마저도 경성이란 이름으로 제멋대로 교체해 버렸다.

배화학당 교실엔 학생들이 흰 저고리와 검정 치마를 단정히 입고, 길게 땋은 머리에 붉은 댕기를 늘어뜨린 채 앉아 있었다.

얼마 후 훤칠한 키에 두루마기를 걸친 남궁 선생이 들어서자 학생들은 영문법 책 대신 등사판인 조선 역사책을 꺼내 놓았다. 한 명은 창가에 붙어 서서 망을 보았다.

"역사는 거울입니다. 지난날의 잘잘못을 비추어 보아 오늘을 가다

듣고 그리하여 내일을 진실하게 만들어 가는 것입니다. 짐승에겐 역사가 없습니다. 어제도 모르고 내일도 모른 채 주어진 순간을 그냥 하루하루 살아가는 데 만족할 뿐입니다. 아니, 만족이 아니고 굴종이겠지요. 역사를 바로 알면 오늘을 참답게 살 수 있는 지혜와 용기를 지니게 됩니다. 그래서 불의와 맞서 싸우게도 되고요. 우리는 우리나라의 역사를 살펴서 지난날의 잘못은 과감히 고치고 잘한 면은 받아들여 새로운 역사를 창조해 나가야 합니다. 이완용을 비롯한 친일파 매국노들은 나라를 팔아먹은 돈으로 일시적으로는 떵떵거리며 부귀영화를 누릴지 몰라도, 저 훗날 기록될 새 역사 속에서는 영원히 민족의 죄인으로 낙인찍힐 것입니다!"

그의 열정적인 강의가 한창일 때, 망을 보던 학생이 책상을 다급히 두드렸다. 교실 안은 분주해졌다. 학생들은 책상 위에 펼쳐 놓았던 조선 역사책을 감추느라 다급했다. 그들은 즉시 책상 위에 영문법 책을 꺼내 놓았다. 그 순간, 누군가의 책 한 권이 바닥으로 떨어지며 둔탁한 소리를 냈다.

긴장감 속에 무거운 침묵이 흘렀다. 노크도 없이 교실 문이 드르륵 열렸다. 그리고 양복 차림의 두 사나이가 들어섰다. 그들은 조선총독부의 학무국장과 수행원이었다. 수업을 규칙대로 잘 진행하고 있는지 감독하기 위해서 나온 것이었다.

학무국장의 매서운 두 눈이 금테 안경 뒤에서 번득거리며 교실 안을 슥 훑었다. 유인희라는 학생은 두 발로 떨어진 책을 몰래 주워 올려 보려고 애를 썼지만, 뜻대로 되지 않고 식은땀만 흘렸다. 무슨 소리를 들었는지 불현듯 학무국장의 매서운 눈길이 그쪽으로 갔다. 일촉즉발의 위기가 닥치려는 순간이었다.

순간 남궁억 선생이 칠판에 써둔 영어 문장을 가리키면서 크게 말했다.

"김오재 학생, 일어나서 한번 읽어 봐요."

그 학생은 영어를 아주 잘하는 터라 막힘없이 술술 읽어 나갔다. 그리고 일부러 큰 소리로 해석까지 했다. 학무국장의 눈길이 김오재 쪽으로 간 틈을 타서 유인희는 겨우 책을 집어 올려 치마 속에 숨겼다.

그러나 아직 안심하긴 일렀다. 창백한 얼굴에 진땀을 흘리고 있는 유인희를 발견한 감독관이 천천히 다가서더니 물었다.

"너 설마 무슨 나쁜 짓을 한 것은 아니겠지?"

"네? 아…… 아니요."

"흠, 수상쩍은 냄새가 나는걸. 책상 속에 든 책을 모두 꺼내 놓아 봐!"

유인희는 떨리는 손으로 책을 꺼내었다. 그 순간에도 치마 속에 감춘 책이 떨어질까 봐 가슴이 콩닥거렸다.

학무국장은 의심을 풀지 않은 채 음흉스런 목소리로 물었다.

"가슴은 왜 누르고 있지?"

유인희의 볼이 새빨개지자 학무국장은 웃음을 터뜨리곤 교실 밖으로 나갔다. 학무국장이 사라지자 인희는 책상 위에 엎드려 훌쩍훌쩍

울기 시작했다. 억눌렸던 긴장감이 풀리자 설움이 복받쳐 올랐던 모양이었다. 그러자 여기저기서 울음이 터져 나왔다. 나라 잃은 어린 마음을 적시는 서러움의 울음이었다.

"그만들 그치세요. 우리가 지금은 나라를 잃은 신세이지만 어찌 영원히 그렇겠습니까? 나라를 되찾기 위해서라도 더 열심히 참된 지식을 배우고 심신을 닦아야 합니다. 아는 것이 힘입니다."

학생들의 머리를 어루만져 주는 남궁 선생의 눈시울도 젖어 있었다.

제4장
밀알 하나 땅에 떨어져

바람이 한결 쌀쌀해졌다. 나뭇가지에서 떨어진 낙엽들이 이리저리 정처 없이 휘날리고 있었다.

남궁억은 학교 문을 나서서 그 낙엽들을 바라보며 천천히 걸었다. 어떤 잎새는 땅바닥을 뒹굴다가 파르르 몸을 떨기도 했다.

저만큼 앞쪽에서 어린 아이가 엄마 등에 업힌 채 자꾸 보채며 울어댔다. 엄마는 달래기도 하고 엉덩이를 찰싹 때리기도 했지만 어린 애는 더욱 자지러지게 울 뿐이었다. 당황한 엄마가 애를 돌아다보며 짧고 빠르게 말했다.

"저기 순사 온다!"

순간 아이는 울음을 뚝 그쳤다.

그 모습을 바라보던 남궁억은 한숨을 길게 쉬었다.

일본의 무단통치는 점점 더 살벌해져 갔다. 총독부는 헌병 또는 경찰에 즉결처분권을 주어 사람들을 더욱 공포에 떨게 만들었다. 순사 온다는 소리만 들어도 울던 어린아이가 울음을 뚝 그칠 정도였다. 조선 사람은 경찰서나 헌병대를 저승사자가 보이는 무서운 지옥으로 여기게 되었다. 조선의 모든 곳이 창살 없는 감옥과도 같았다.

1910년, 강제적인 합방(경술국치) 후 총독부 당국은 일정 시간을 배정해 조선인에게 일본어를 가르치더니 점차 한글 교육을 축소하고 일본어의 비중을 높였다. 그리하여 평상시에도 일본어 사용을 강제하여, 학생들에게 다달이 일정량의 표를 나누어 주곤 조선어를 사용할 때마다 그 표를 서로 빼앗아 먹도록 하는 등 온갖 치졸한 수단을 다 썼다.

일본은 조선 역사마저도 왜곡시키고자 하였다. 조선인은 원래부터 분열적이고 의타적인 민족이며, 나약하여 외국의 침략을 많이 받은 열등한 민족이라고 비하했다. 또한, 옛날부터 일본의 지배를 받아왔으므로 지금도 일본의 지배를 받는 것은 당연하며 그래야 행복하다는 식의 왜곡된 역사의식을 심어 주었다.

한 나라의 임금이 거처하던 창경궁은 일본에 의하여 크게 훼손되었다. 그들은 궁 안의 전각들을 헐어 버리고 동물원과 식물원을 설치했다. 궁궐 정원은 일본식으로 바뀌었고, 얼마 후엔 창경궁을 창경원으로 격하시켜 버렸다. 궁 안에 일본 국화인 벚꽃을 수천 그루나 심어놓고 밤 벚꽃놀이를 흥청망청 즐겼다.

　이를테면 그건 조선의 얼과 넋을 빼어내 동물원의 창살 속에 집어 던지고 비웃으며 침을 뱉는 짓이나 마찬가지였다.

　그런 어느 날, 가을빛 저물어 가는 토요일 오후에 남궁억의 집으로 한 방문객이 찾아왔다. 친구인 윤치호였다.
　"어서 오시게."
　"잘 지내시는가?"
　윤치호는 예전에 남궁억과 함께 독립협회에서 활동하며 독립신문 사장직을 맡기도 한 인물로, 두 사람은 서로 사돈 간이기도 했다. 남궁억의 둘째 딸 자경과 윤치호의 둘째 아들 광선을 혼인시켰고, 그들의 인연은 지속되었다.
　여윈 체구에 코가 뾰족하고 동그란 알안경을 낀 윤치호는 좀 날카로운 인상을 풍겼다. 그즈음 그는 기독교청년회의 부회장직을 맡아서 청소년 계몽을 통한 구국운동을 전개하고 있었다.
　두 사람은 서재로 들어가 마주앉았다. 부인 양씨가 차를 가져다 주고 갔다. 찻잔을 들어 천천히 음미하듯 마신 윤치호가 말했다.
　"한서(남궁억의 호), 얼굴이 많이 여위었군. 무슨 고민이라도 있는가?"
　"이 난세에 고민 없는 사람이 어디 있겠나."
　"학교 일이 힘들지? 혼자 너무 많은 짐을 지려고 하지 마시게나.

그러다 병이라도 나면 어쩌려고. 그렇잖아도 예전에 일본 경찰에게 받은 고문으로 온전한 몸이 아닌데 말야."

남궁억은 1896년 동지들과 함께 독립협회를 설립해 수석총무로서 일했고, 협회 기관지인 '독립신문'의 영문판 편집에 종사했었다. 그러다가 독립협회에 대한 수구파의 모략으로 경찰에 체포되어 많은 고초를 겪었다.

또한, 1898년에는 황성신문을 창간하여 사장을 맡아서 정부의 부정부패를 고발하고, 일본의 침략야욕을 비판했으며, 국민의 독립정신을 고취하는 활동을 했다. 황성신문의 논조는 정부의 미움을 받게 되어 남궁억은 여러 차례 경무청에 끌려가 심한 고문을 당했었다.

1902년에는 러시아와 일본이 밀약으로 대한제국을 나눠 먹으려 교섭하고 있다는 기사를 황성신문에 게재했다가 경무청에 수감당했다. 그것은 한국 언론사상 최초의 필화사건이었다.

남궁억은 차를 한 모금 마신 후 천천히 입을 열었다.

"좌옹(윤치호의 호), 요즘은 내가 약한 존재라는 생각이 많이 들어. 학교에서 아이들과 함께 지낼 때는 그나마 견딜 만하지만, 밤에 가만히 누워 있으면 마치 강철로 된 쇠상자 속에 갇힌 느낌이거든. 이 세상이 다 감옥이라는 생각이 드는데, 이런 강박관념을 버리려고 하면 할수록 더 가슴이 답답해져. 아마 일본의 탄압이 너무 가혹하다 보니 나의 잠재의식 속에 스며들어 둥지를 틀어 버린 모양이라."

그는 말끝에 저도 모르게 한숨을 내뱉었다.

잠시 침묵을 지키며 상체를 좌우로 흔들던 윤치호가 말했다.

"여보게, 교회에 한번 나와 보면 어떻겠나?"

"교회라……?"

"이런 엄혹한 시절을 우리 사람의 뜻과 힘만으로 헤쳐나가긴 어렵지 않은가. 주님의 지혜와 능력을 빌려 보세나."

남궁억은 입술을 굳게 다문 채 생각에 잠겼다. 그에게 기독교는 낯선 것이 아니었다. 오래전 영어학교 학생 시절에 외국인 선교사가 준 성경을 읽은 적이 있었다. 그 당시 서구의 신학문과 문물은 대부분 선교사들을 통해 이 땅에 들어오고 있었다. 그렇기에 지식인이나 선각자 중엔 기독교와 관계된 경우가 많았다.

윤치호는 많은 기독인 선교사와 깊은 관계를 맺고 있었다. 배화학당이 세워지게 된 데도 그의 역할이 컸다. 그는 예전에 친분을 쌓은 미국 에모리 대학의 캔들러 학장에게 이 땅에 기독교학교가 필요하다는 편지를 보낸 적이 있었다. 그 제안을 검토한 남감리교에서 선교사를 파견하여 학교를 설립하게 된 것이었다. 그 인연으로 남궁억을 교사로 초빙하게 된 셈이기도 했다.

남궁억은 마음이 심란할 때는 홀로 배화학당 옆에 붙은 예배당으로 들어가서, 십자가 위에 못 박혀 피 흘리는 예수 그리스도를 쳐다보며 묵상에 잠기기도 했다.

"좀 생각해 보겠네. 아무튼, 여러모로 고마우이."

"무슨 그런 말을. 그런데 염이는 잘 지낸다던가?"

"제 나름대로 노력하며 사는가 보더군."

염㷸은 한서 남궁억의 아들인데, 미국에 건너가서 공부하는 중이었다. 한서는 '불꽃처럼 활활 타올라 어둠을 밝히라'는 뜻으로 아들의 이름을 불꽃 염 자로 지었던 것이었다.

"그럼 건강에 유의하시게. 조만간 내 또 옴세."

"잘 가시게."

윤치호를 보낸 후 남궁억은 서재로 들어갔다. 그새 날이 많이 어두워져 있었다. 그는 등불을 켤 생각도 하지 않고 의자에 앉아 유리창을 바라보았다. 어두운 창에 백발이 성성한 그의 모습이 비쳤다. 그림자와 같이 흐릿한 영상이었다. 그는 유리창에 어린 자신의 눈동자를 찾아 가만히 들여다보았다. 마치 자신의 정체가 흐릿하여 그것을 찾아보려고 애쓰는 모습이었다. 그러나 곧 머리를 흔들며 중얼거렸다.

"알 수 없지, 알 턱이 없지. 나라를 잃어버린 사람에게 자신의 정체가 있을 리가 없지. 있다고 해도 그림자에 불과할 뿐이야."

얼마 후에 그는 또 중얼거렸다.

"그럼 나는 무엇인가? 내 뜻대로 무엇인가 해보려 해도 악당 같은 놈들에게 방해받아서 제대로 해볼 수도 없는 판인데 나의 정체를 어떻게 밝힐 수가 있겠는가?"

그는 밤이 깊어가는 줄도 모른 채 어두운 창을 바라보며 골똘히 생각에 잠겨 있었다. 창밖 어디선가 울어대는 늦가을의 풀벌레 소리만이 그 불면의 밤을 지켜 주었다.

자정이 넘어서야 그는 일어나 등불을 켜고 서가에서 성경책을 뽑아 들었다. 오래전 외국인 교사에게 선물 받은 것이었다. 누렇게 변색된 페이지를 그는 한 장 한 장 넘겨 보았다. 한문이 주로 쓰이던 그 당시에 한글로 번역된 성경은 신앙뿐 아니라 한글 보급에 큰 역할을 하고 있었다.

어느 페이지에서 손을 멈춘 남궁억은 푸른 밑줄이 쳐진 구절을 천천히 읽었다.

"내가 진실로 너희에게 이르노니, 한 알의 밀알이 땅에 떨어져 죽지 아니하면 한 알 그대로 있고 죽으면 많은 열매를 맺느니라."

영어학교 시절에 공부하는 틈틈이 읽다가 마음에 들어 밑줄을 쳤던 글귀였다. 그는 자기도 앞으로 밀알이 되고 싶다고 생각했다. 한 알의 밀알처럼 자기 한 몸을 희생해서라도 쓰러져 가는 조국을 위해 살기로 결심했던 것이다. 그 생각은 아직도 변함이 없었다. 사실 남궁억은 이제껏 그렇게 살아왔다. 자기만의 이익을 탐하지 않고, 온갖 고생을 하면서도 이 민족의 앞날을 위해 필요하다고 생각되는 일만을 실행하며 살아왔던 것이다. 하지만 지금은 총독부의 횡포 앞에서 힘이 모자라 당하기만 해야 하는 것이 애달프고 슬퍼 사나이 홀로 속마음으로 울고 있는 것이었다.

그는 다시 페이지를 넘겼다. 또 파란 줄이 쳐져 있었다.

"구하라 그러면 너희에게 주실 것이요, 찾으라 그러면 찾을 것이요, 문을 두드리라 그러면 너희에게 열릴 것이니……."

그의 입가에 희미한 미소가 번졌다. 예전에 그 구절을 읽던 당시의 어떤 추억이 떠올랐는지도 몰랐다. 그러나 그의 눈은 추억에 젖은 게 아니라 어떤 굳은 결심을 나타내듯 생생한 빛을 띠고 있었다. 아까 유리창에 비쳤던 흐릿한 눈동자가 아니었다. 청년처럼 맑은 생기를 띤 눈이었다.

가슴속에 피가 끓는 청년이던 그는 좀 뜬금없는 상상도 했었다. 모세가 유대민족을 이끌고 이집트에서 탈출하는 이야기가 담긴 출애굽기를 읽은 그는 어떤 학우와 열기 띤 토론을 벌였다.

"복잡하게 생각할 것 없이 구약성경은 유대민족의 역사책이라고 생각해. 그리고 모세는 유대민족의 독립운동 지도자고 말야."

남궁억의 말에 독실한 기독교 신자인 그 학우는 차분히 대꾸했다.

"그건 네가 쉽게 생각해서 그래. 성경은 신의 말씀을 기록한 심오한 경전이야."

"난 쉽게 이해되던데 그래."

"읽는 사람의 마음에 따라서 의미가 변하는 게 바로 신비로운 성경이야."

"물론 보통사람이 아니라 하나님의 성령이나 영감을 받은 사람이 기록을 했겠지. 아무튼, 내 눈엔 그게 환히 보여. 유대민족의 현실적인 삶이 말야."

그것까지는 좋았다. 얼마 후 신약성경을 읽은 남궁억은 그 학우에게 또 주장했다.

"예수라는 인물은 영혼의 구세주이기도 하겠지만, 로마 제국의 압제로부터 가련한 민족을 구해내려는 독립운동의 지휘자이자 투사라는 생각이 더 강하게 들어. 자기 나라와 민족이 로마 제국의 식민지로서 억압받고 있는 시절에 예수가 그냥 보고만 있었을까? 결코 아닐 거야. 정의로운 투사로 활약했을 거야. 그렇게 생각하고 읽으니까 머릿속에 쏙쏙 들어오던걸."

"그건 네가 너무 우리 민족에 대해 걱정하고 있으니까 그렇게 느껴지는 거지. 아무튼, 못 말리는 친구여."

그 학우는 기가 찬지 헛웃음을 웃고는 어디론가 나가 버렸다.

어쨌거나 모세나 예수의 삶은 남궁억에게 큰 감명을 주었다. 그는 자신도 그렇게 살아야 하리리고 마음 깊이 새겼다. 스러져 가는 한 민족을 위해 자신의 목숨을 바치리라는 결심이었다.

남궁억은 푸릇푸릇하던 청춘 시절을 회상하면서 입가에 희미한 미소를 띄웠다. 아마도 그 무렵의 유치한 발상에 대한 미소였을 터였다. 하지만 유대민족과 한민족의 비슷한 상황 때문인지, 그는 자신의 생각을 굳이 부인하는 것 같은 표정은 아니었다. 물론 그걸 긍정하는 것도 아니었지만 말이다.

그 후로 나이가 들어서도 그는 때때로 성경을 펼쳐 보곤 했었다. 그리고 예수 그리스도의 삶을 재음미하면서 친밀감을 느끼게 되었다. 예수는 자신을 희생하고 남을 위해 사랑을 펼친 영혼이었다. 남궁억은 예수가 실천한 박애, 평등, 자기희생의 정신이 좋았다. 그 자신도 그렇게 살고자 노력했던 것이다.

　진리, 정의, 사랑을 위해 피 흘려 투쟁하다가 순교한 예수는 한민족에게도 희망이자 참다운 삶을 비춰 주는 거울이었다.

　시간은 점점 흘러 어느덧 새벽이 되었다.

　남궁억은 성경을 책상 위에 놓고 방바닥에 꿇어앉았다.

　"인간은…… 아니, 저는 제법 강한 척하지만, 사실은 작은 개미보다도 무력한 존재임을 깨닫습니다. 인간은 위대한 능력을 지녔기도 하지만 사소한 벽에 막혀 무너지기도 하는 가련한 존재임을 느낍니다. 하나님이시여, 나약한 저를 도우사 앞길을 밝혀 주시고 이 나라의 살 길을 열어 주소서."

　남궁억은 눈을 지그시 감고 마음속 깊은 곳으로부터 울려 나오는 기도를 올렸다. 그러고 나서야 비로소 자리에 들어 잠을 이룰 수가 있었다.

　그 이튿날 윤치호가 다시 찾아왔다.

　남궁억은 윤치호를 따라 종로 도렴동에 자리잡은 종교교회로 나가서 입교세례를 받았다.

　종교교회라는 이름은 종침교琮琛橋, 일명 '종다리' 옆에 세워져 붙여진 것이었다. 원래는 켐벨 선교사에 의해 배화학당에서 예배를 드리던 모임이 발전하여 독립하게 되었는데, 윤치호는 그곳의 중심인물로서 열심히 활동을 하고 있었다.

　남궁억과 윤치호가 나오는 종교교회는 민족주의적인 신앙과 교육의 중심지로서, 진보적인 지식인과 청년 학생들이 많이 모여들어 민족을 구하기 위한 신앙운동과 공부를 했다.

  남궁억은 신앙 속에서 차츰 마음의 안정을 얻었다. 그는 한층 더 열심히 우리 민족의 미래를 이끌고 나갈 젊은이들을 교육하는 데 온 심혈을 쏟았다.

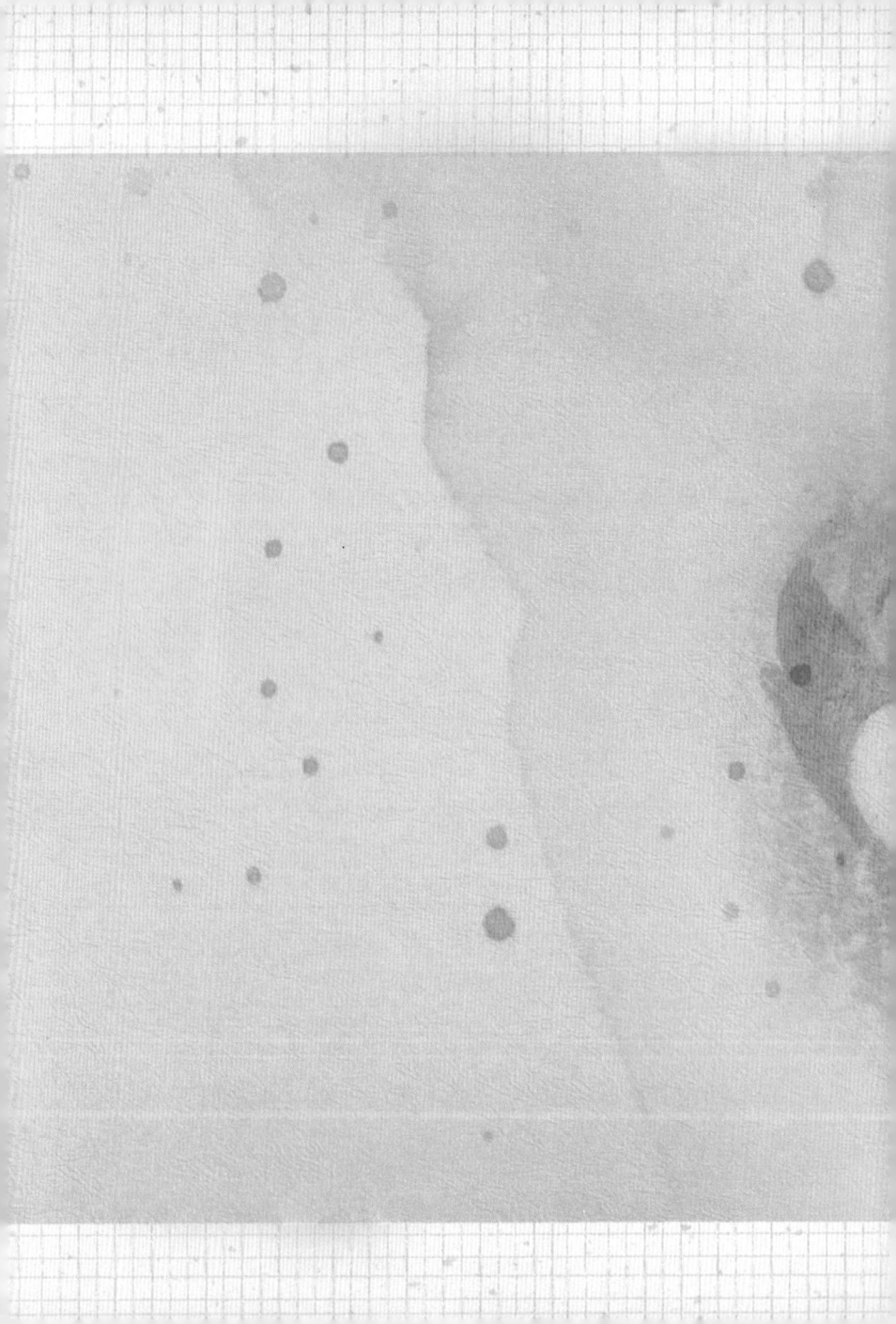

제2부

백두산 높이 솟아 펼쳐놓은 삼천리를
양강에 활개 벌려 장파절이 들렸구나
아마도 한라 높은 산이 아마 긴가 하노라

무궁화 얼크러져 사시장철 봄나라
호미가 가는 곳에 젖과 꿀이 샘솟거라
묻노라 낙원이 어디뇨 나는 옌가 하노라

제5장

귀무덤

가을이 아직 채 끝나기도 전에 초겨울의 차가운 바람이 전신주를 휘윙휘윙 울리며 점점 세차게 불어오고 있었다. 겨울 채비를 미처 할 여유가 없는 가난한 식민지의 백성은 미리부터 동장군의 위세에 눌려 헐벗은 몸을 움츠린 채 떨었다. 총칼을 앞세운 일본의 위세는 그런 겨울바람보다 더 차갑고 매서웠다.

그 무렵, 남궁억이 입교세례를 받은 것을 두고 어떤 사람들은 현실 도피라고 비판하기도 했다.

"도둑놈들을 싸워 물리쳐야 할 판에 교회로 숨어 들어가 홀로 편안해 보겠다는 것인가?"

남궁억은 별로 개의치 않았다. 그는 어떤 문제를 두고 심사숙고한 후 일단 스스로 옳다고 판단하면 꿋꿋이 실천해 나가는 성품이었다. 말만 많고 실행하지 않는 것은 남자답지 않다고 생각했다.

그는 현재 상황에서 자기가 할 수 있는 일이 무엇인지 찾아 나름대로 열심히 하려고 노력했다. 그는 어디서든 자기만을 위해 기도하지 않고, 오로지 나라의 자주독립과 헐벗은 백성의 안녕을 하나님께 간절히 기도드렸다. 그리고 해외에서 고생하며 독립 투쟁하는 이들이 무사하기를 함께 기도했다.

언젠가 그는 친구 윤치호에게 마치 농담처럼 "우리는 천국에 가기 위해서가 아니라 바로 이 땅을 천국처럼 행복하게 만들기 위해 바르고 힘찬 신앙생활을 해야 하지 않을까?" 하고 진지한 눈빛으로 말했다.

성경에 '원수를 사랑하라'는 말이 나오지만, 남궁억은 억지로 일본을 사랑하려고 하진 않았다. 다만 일본을 증오할 그 에너지를 모아 우리 민족 내부를 알차게 성숙시켜 힘을 기르는 일도 이 시점에 꼭 필요하다고 생각했다.

그리고 그 일이 자기가 해야 할 소명이라고 여겼다. 그가 밤낮을 가리지 않고 청소년 교육에 심혈을 기울이는 것도 그런 까닭이었다. 자라나는 청소년이야말로 미래의 희망이었다. 한 자루의 양초처럼 제 몸을 태워 사라질지라도, 불꽃을 피워 올려 청소년들의 두뇌와 가슴속을 밝힐 수 있다면 행복이라고 그는 생각했다. 그들 새싹이 바르게 자라 큰 나무로 우뚝 설 때 이 나라는 되살아나 악의 나라를 물리치고 전세계 식민지의 빛이 되리라고 믿었다.

"지금까지 나름대로 악착같이 살아왔다고 자부할 때도 있긴 있었지만, 모세나 예수님 그리고 이 세상의 위대한 성자님들에 비한다면 새 발의 피에 지나지 않을 뿐이야."

남궁억은 학교 창가에 서서 혼잣소리로 중얼거리며 쓸쓸히 미소를 지었다.

초겨울 바람이 부는 운동장에서는 흰 운동복을 입은 학생들이 이리저리 움직이며 체육수업을 하고 있었다. 그들의 모습은 먼 거리 때문에 아주 작아 보였으며, 커다란 은행나무의 가지를 흔들어대는 거센 바람에 날려 가버릴 듯이 위태로운 느낌을 주었다. 그러나 학생들은 결코 그런 일은 없을 테니 걱정 말라는 것처럼 낭랑한 목청으로 소리지르며 뛰어나녔다.

"나에게도 저런 시절이 있었겠지."

남궁억은 빙긋이 미소를 띠며 굵은 손가락으로 허연 머리카락을 쓸어올렸다.

그는 석상처럼 가만히 선 채 어린 시절의 추억 속으로 빠져 들어갔다.

남궁억은 서울 정동의 왜송골에서 태어났다. 조선의 운명이 바람 앞의 등불처럼 흔들거리던 무렵인 1863년의 추운 겨울이었다. 첫눈이 희끗희끗 내렸다.

왜송골이란 동네 이름은 임진왜란 때 왜군 장수인 카토 키요마사 加藤清正가 말고삐를 맨 소나무가 있다는 데서 붙여졌다. 그의 아버지는 철종 때 무과에 급제하여 중추부사를 지낸 바 있는 남궁영이었다. 그는 아들이 태어나자 이름을 억(檍)이라고 지었다. 박달나무나 참죽나무처럼 참되고 단단하게 자라 달라는 뜻을 담은 것이었다. 하지만 아버지는 일찍 세상을 떠나고, 소년은 어머니와 함께 쓸쓸하게 살았다.

홀어머니는 팔을 걷어붙이고 닥치는 대로 남의 일을 하면서 살림을 꾸려 나갔다. 아들이 자라 서당에 다닐 나이가 되었으나 가난하여 그러기도 어려웠다. 아버지마저 안 계시니 그냥 두었다가는 사람 구실을 하기가 어려울까 걱정되었다. 그녀는 그래서인지 일부러 냉정하고 엄격하게 아들을 대하고 손수 하나하나 품성교육을 시켰다.

"설령 죽는 한이 있더라도 바른길이 아니면 가지 말거라. 너 자신에겐 칼날처럼 엄격하고, 남에겐 솜처럼 포근하게 대하거라."

"명심하겠습니다."

어린 남궁억은 혹시라도 어머니가 염려할까봐 항상 몸가짐을 단정히 했다. 그러면서도 동무들과 놀 때는 누구 못지않게 천진난만하고 활발했다.

동네 아이들은 틈만 나면 동구 밖의 큰 소나무 밑에서 말타기 놀이를 했다. 가장 나이 많은 아이가 마부 역을 맡았다.

"야, 준비해. 억이 니가 가장 날래니까 먼저 해라. 자, 힘껏 뛰어올라!"

억은 민첩한 동작으로 뛰어 맨 앞쪽으로 가볍게 올라탔다. 뒤이어 아이들이 줄줄이 말 등에 올라탔다.

"이랴 이랴, 어서 가자!"

억은 짐짓 박차를 가하는 시늉을 하면서 소리쳤다. 그러다가 문득 소나무에 기대선 마부 아이의 머리 위쪽에 박혀 있는 큰 못으로 손을 뻗어 그걸 잡곤 말했다.

"이게 바로 어른들이 말씀하신 그 대못이구나."

"그래, 왜놈 장수가 그랬다지."

"나쁜 놈들, 이렇게 큰 못을 나무에 박아 놓다니!"

"임진왜란 때 일본군들은 사람의 귀와 코를 마구 베어 소금에 절여 가서는, 사람을 이만큼 많이 죽였다고 자랑했다더군. 그러면 일본 국왕이 한 개에 얼마씩 정해서 상금을 줬대. 일본엔 그것을 모아서 묻어 놓은 귀무덤이란 게 있대."

"아, 정말 악독하구나!"

억은 주먹을 불끈 쥐고 이빨을 갈았다.

"그뿐인 줄 알아? 우리나라의 귀한 보물이란 보물은 다 자기네 나라로 훔쳐간다더라."

마부 아이가 대꾸했다.

"총칼로 우리나라를 빼앗으려는 강도 놈들! 두고 봐라, 내가 크면 꼭 원수를 갚아 줄 테다!"

억은 흥분해서 소리쳤다. 그 모습은 마치 말을 탄 소년 장수 같았다.

그 무렵 나라 안팎은 바람 잘 날이 없었다. 나라 안에서는 못된 벼슬아치들이 백성들의 피같은 재산을 빼앗아 자기 배를 채우기에 바빴고 밖에서는 일본, 중국, 러시아 등이 조선을 탐내어 호시탐탐 군침을 삼키고 있었다. 또한 미국, 영국, 프랑스 등 서양의 강대국들도 경제적인 무역을 핑계로 침략의 손길을 뻗쳤다.

그런 어려운 시대에도 교육에 대한 부모들의 관심은 높아서 웬만큼 사는 집안의 아이들은 서당에 나가 천자문과 사서삼경 등을 공부했다. 잘 사는 집에서는 사랑방에 독선생을 들여 개인교습을 하기도 했다.

억이네도 양반 가문에 아버지가 벼슬까지 지낸 집안이었으나, 지금은 독선생은 고사하고 서당에도 못 다닐 형편이었다. 그래도 억은 동무들처럼 공부가 하고 싶어서 서당 문 앞을 서성거리며 글 읽는 소리를 귀동냥했다. 안에서 훈장님께 직접 글을 배우는 아이들이 너무도 부러웠다.

그런 아들의 마음을 눈치챈 어머니의 심정은 찢어지는 듯 아팠다. 밤낮 없이 남의 집 바느질품을 팔았으나 겨우 입에 풀칠이나 할 뿐 아들을 서당에 보낼 처지는 되지 못했다. 못된 벼슬아치들이 백성들의 피를 빨아먹는 각다귀처럼 설쳐댔기 때문이기도 했다.

억은 서당에 다니는 동무들이 부러웠으나 어머니 앞에 그런 말을 꺼내지는 않았다. 서당 얘기만 살짝이라도 비치면 어머니가 무척 괴로워하리라는 걸 뻔히 알았던 것이다.

그런 어린 아들의 마음을 어머니도 모를 리 없었다. 그래서 이런 궁리 저런 궁리를 하던 끝에 결국 이 진사댁의 독선생을 찾아가 보기로 했다. 사랑방 안으로 들어가지는 못한 채 문밖에 서서 겨우 말을 꺼냈다.

"어르신, 좀 드릴 말씀이 있어서 왔습니다."

"무슨 일이오?"

독선생이 방문을 열고 물었다.

"제 아들 녀석이 너무 배우고 싶어하는데 형편이 안 되어서……. 방법이 없을까 해서요."

"흐음, 딱하긴 한데…… 나는 집주인이 시키는 대로 할 수밖에 없는 처지입니다."

독선생은 허연 수염을 쓰다듬으며 말했다.

"그러시군요."

"진사님께 가서 직접 한번 간청이라도 해보시오."

독선생은 젊은 여인이 실망하는 모습이 안타깝다는 듯 혀를 쯧쯧 차며 말했다.

어머니는 한 가닥 희망을 놓지 않고 안채로 들어가 이 진사를 뵈었다.

"도리가 아닌 줄 알면서도 이렇게 염치없게 들렀습니다. 아들 녀석이 공부하고 싶어하는데 학비가 없어서 그러니…… 댁의 아드님이 공부하는 옆에서 동냥글이나마 배우게 해주시면 제가 집안일이라도 거들어 드리겠습니다."

이 진사는 호박처럼 둥근 얼굴을 갑자기 이리 찌푸리고 저리 찌푸리고 하면서 억이 어머니를 쳐다보았다. 마치 일부러 바짝 애가 타도록 시간을 끄는 모양이었다. 억이 어머니는 그를 바라보지 않은 채 속만 태우고 있었다. 한 마디에 아들의 운명이 결정될 수도 있기 때문이었다.

　갑자기 이 진사가 껄껄 웃음을 터뜨렸다.

　"그리하도록 하시오. 뭐 대단한 일도 아닌데 그토록 어렵게 부탁을 하시오. 그러면 내가 더 미안스럽지요. 허허허."

　그제야 억이 어머니는 머리를 들었다. 이 진사는 또 호박처럼 둥근 얼굴을 갑자기 이리 찌푸리고 저리 찌푸리고 하면서 이번엔 짓궂은 웃음을 띠고 있었다. 그는 원래 나쁜 사람은 아닌데 좀 심술기가 있었다. 이번처럼 사람을 바짝 긴장시켰다가 갑자기 풀어 주면서 자기의 우월감과 권위를 느끼고 내심 즐기는 것이 그의 버릇이자 특기였다.

　"진사님, 감사합니다. 정말 감사합니다."

　억이 어머니는 인사를 하고 하늘을 나는 기분으로 집으로 걸어갔다. 아들이 기뻐하는 모습이 눈에 선했다.

　이튿날부터 억은 이 진사댁에 가서 글공부를 시작했다. 이 진사의 아들은 억이보다 키가 크고 뚱뚱했는데 아버지를 닮아선지 공부 시간에도 장난이 심했다. 사탕을 입에 넣고 쪽쪽 빨아먹기도 하고, 책에 여자 얼굴을 그려놓곤 킥킥거리다가 억의 옆구리를 슬슬 찔러 구경하라고 눈짓하기도 했다.

  독선생은 뭐라고 나무라지도 못했다. 또 그래봤자 별 소용도 없었다. 독선생은 그 녀석이 하는 대로 하라고 놔두고는 억을 가르치는 데다 마음을 썼다. 억은 총명하고 이해력이 남달랐다. 하나를 가르쳐 주면 셋을 깨쳤던 것이다. 그런데다 스스로 열심히 공부하니 그야말로 일취월장이었다.

  "아, 옛사람들이 말한 대로 좋은 제자를 기르는 스승의 기쁨이 바로 이런 것이로구나."

  독선생은 때때로 자기 무릎을 치며 입속으로 가만히 감탄을 했다.

  천자문을 열흘 만에 떼고 사서삼경으로 들어갔다. 책에는 유학의 알맹이가 들이 있어 사람이 이 험한 세상을 어떻게 사는 게 옳은지를 탐구하도록 했다.

  억은 총명한데다 마음이 본래 해맑고 올곧았으므로 그 책에서 말하는 내용을 잘 이해하고 마치 물을 빨아들이는 햇솜처럼 쏙쏙 빨아들였다. 날이 갈수록 그의 생각은 밝아지고, 세상과 사람을 판단하는 마음은 깊고도 넓어졌다.

  이웃 사람들은 억의 어머니를 무척 부러워했다.

  "어쩜 글 읽는 소리가 저리도 낭랑할까. 저 소리만 듣고 있어도 기분이 맑아진다니까."

  "어디 그뿐인가. 억이 그 애의 눈빛을 보라구. 마치 샛별처럼 초롱초롱 빛난다니까. 앞으로 큰일을 하게 될 거야."

그러나 어머니는 달랐다. 억이 잘하고 있어도 좀처럼 드러내놓고 칭찬하지 않았다. 어지간하면 한마디쯤 칭찬해 줄 만도 한데 오히려 냉정했다.

"사내가 작은 성취에 자만해서는 안 되느니라. 더 높은 곳을 향해 오르고 또 오르겠다는 희망을 항상 마음속에 간직해야만 한단다."

"네, 어머니."

"그 희망은 자기 혼자 잘살겠다는 것이어서는 안 된다. 자기만의 욕심을 탐하는 것은 소인배나 할 짓이다. 지금 이 나라는 풍전등화와도 같은 꼴이다. 너 자신을 버리고 이 민족과 백성들을 살리는 큰 삶을 살아야 한다. 그게 이 어미의 희망이다."

"명심하겠습니다."

"자기 자신의 욕심만을 쫓아다니는 삶은 짐승이나 벌레도 다 하는 것이다. 그런 인간은 죽어서 개나 돼지로 다시 태어나도 할 말이 없을 것이다. 오히려 벌레 중에는 누에나 지렁이처럼 스스로도 모르는 채 이 세상에 도움되게 사는 미물도 있지 않더냐. 지렁이를 징그럽다고 침 뱉고 밟아 죽이지만, 온종일 땅을 파서 기름지게 하니 어떤 인간보다 더 낫다고 하지 않겠느냐?"

억은 어머니의 말씀을 가슴 깊이 새겼다. 그는 겉으로는 엄한 척하지만, 속 깊은 어머니의 사랑을 알고 있었다. 다 자기가 잘되기를 바라기에 그러는 것이 아니겠는가.

어머니는 원래 열두 남매를 낳았으나 전염병인 천연두로 다 잃고 외아들 억과 두 딸을 겨우 건졌을 뿐이었다. 귀한 자식일수록 더욱 엄하게 길러야 나중에 옳게 된다고 믿었기에 그랬으리라.

그런 어머니의 심중을 헤아렸기에 억은 자라서도 어머니의 뜻을 함부로 거역하지 않았다. 어머니의 깊은 속에서 우러나온 슬기가 자신의 좁은 식견보다 항상 옳다는 사실을 체험했으므로 어려운 문제가 있을 때마다 뵙고 의논했다.

억은 열여섯 살 되던 해에 양혜덕이라는 이름의 처녀와 혼례를 올렸다.

그 당시엔 일찍 결혼하는 게 풍습이기도 했지만, 누이들이 둘 다 시집간 뒤로 어머니 홀로 집안 살림을 꾸려 나가기란 퍽 적적한 일이었다.

신부는 경기도 양평의 명문가 딸로 온화한 성품을 지닌 여인이었다. 그런 귀한 집안에서 가난한 집에 딸을 준 건 중매쟁이 할미의 감칠맛 나는 입심도 한몫했겠지만, 사실상 억의 사람됨이나 당당한 풍채가 눈길을 끌었기 때문이었다.

소란스럽던 혼례의 날도 서서히 저물고 드디어 첫날밤의 아름다운 시간이 되었다. 창호지에 살며시 구멍을 내고 몰래 들여다보던 짓궂은 사람들도 물러갔다.

억은 신부의 족두리를 벗겨 주고 나서 그녀의 하얀 손을 잡아 보았다. 신부는 수줍어하며 손을 빼려 했다. 억은 손을 더 세게 꼭 쥐었다.

"아, 아파요."

"그대를 보는 순간 내 마음이 다 환해졌다오."

신부는 수그리고 있던 이마를 살짝 들었다. 억은 말했다.

"아내는 안해가 변해서 된 말이라고 하더군요. 혹시 그 뜻을 알고 있소?"

"집안의 해, 마음 안의 해……."

그녀는 다소곳이 말하곤 말끝을 흐렸다.

"그렇소. 이제부터 그대는 이 집안의 해라오. 그리고 내 마음속의 해님이라오."

신부는 살짝 미소 지었다. 억은 그 모습이 예쁘다는 듯 두 팔로 꼭 끌어안았다.

제6장

푸른 야망

그 후로 양씨 부인은 정말로 집안과 남편의 해님이 되어 주었다. 궁색하던 오두막집이 환해졌다. 남궁억도 이제 청소년티를 완전히 벗고 한 명의 청년이자 가장으로서 자기 역할을 다하고 틈틈이 공부도 게을리하지 않았다.

어느 날이었다.

시내에 나갔다가 관공서 앞의 게시판을 훑어보던 남궁억은 어떤 공고문을 보게 되었다. 그것은 새로 생긴 관립영어학교인 동문학同文學에서 학생을 모집한다는 글이었다.

그 무렵은 서양 문물이 빠르게 들어오면서 세상은 아주 다른 모습으로 새로워지던 시기였다. 한반도라는 좁은 땅에서 우물 안의 개구리처럼 살던 사람들은 그 새로운 변화를 자기 나름의 방식으로 받아들였다. 눈앞의 사태를 당연한 것으로 보고 자신도 스스로 변화를 모색하는 사람도 있었고, 외래문화란 옛것을 무너뜨리는 도깨비라고 두려워하면서 낡은 전통을 악착같이 지키려는 세력도 있었다.

구태의연한 정치가들은 당파싸움이나 하면서 아까운 세월을 흘려보냈고, 백성에게 거짓말을 늘어놓으면서 자기네들의 이익만 탐했다. 정신나간 양반 사대부들은 사대주의에 빠져 중국을 섬기고 그들이 시키는 대로 복종하자고 주장했다.

외세의 침략도 문제였지만 우리 내부가 너무 썩어 있었다. 고목나무의 속이 썩으면 바람만 살짝 불어도 저절로 무너지는 법이다.

언젠가 어머니는 이런 말씀을 한 적이 있었다.

"내가 소견 좁은 아낙네라서 이런 소릴 하는 건 아니다. 대국이니 대인이니 하며 크다고 해서 다 옳은 건 아니다. 과대망상에 빠져 허풍이나 떠는 건 소인의 섬세함보다 오히려 못하다."

남궁억은 나라가 돌아가는 꼴만 생각하면 한숨이 저절로 나왔다. 자신도 서당에서 사서삼경을 공부했지만, 거기엔 좋은 점도 있되, 한편으로는 현실을 전혀 모르고 입으로만 공자 왈 맹자 왈 읊어대는 한심스러운 점도 있었던 것이다.

남궁억은 어머니의 가르침에 따라 허례허식보다는 현실생활에 필요한 것을 중시하고, 말보다는 실천을 추구했다.

그의 눈동자가 햇빛을 받아 반짝였다.

"이제 우리나라도 넓은 세상의 현실을 바로 보고 변화해야 한다. 끊임없이 새로운 문화를 접하고 배우는 것을 게을리하지 말아야 하리라. 다만, 서양의 좋은 점은 받아들이되 우리 고유의 미풍양속도 더욱 소중히 여겨 갈고 닦아야 한다."

그는 혼잣소리로 중얼거렸다. 청춘의 피가 가슴속에 뛰노는 남궁억은 새로운 변화의 물결 앞에서 많은 생각을 한 후 나름대로 결심을 하고 있었다. 앞선 외국의 과학기술 문명을 외면만 하다가는 언젠가는 낙오자가 될 수밖에 없다고 판단했다.

남궁억은 호기심이 생겨 공고문을 두 번 세 번 읽었다.

동문학은 우리나라가 서양의 여러 나라와 통상조약을 맺고 자주 교섭을 갖게 되면서, 영이로 말할 줄 아는 통역관을 양성하기 위해 설립되었다. 정부의 외국인 고문으로 초빙되어 온 독일인 묄렌도르프Paul George von Möllendorff의 제안을 받아들여 재동에 학교를 세우고 무료로 인재를 키웠다.

남궁억은 어떤 설레임을 느껴 무척 흥분된 표정이었다. 어스름 녘에 집으로 돌아온 그는 저녁을 먹은 후 바느질하는 아내의 옆으로 갔다.

"임자, 내게 시집와서 늘 이렇게 고생만 하는구려."

"당신도 열심히 하시니까 난 오히려 좋은걸요."

양씨 부인은 차분히 말했다.

"영어를 가르치는 학교가 생겼다더군. 한번 지원하려 하는데 임자 생각은 어떻소?"

"뜻이 확실하면 하셔야지요."

"격려해 줘서 고맙구려."

그리하여 남궁억은 1883년에 스물한 살의 나이로 동문학에 입학했다. 남궁억과 함께 입학한 학생은 30여 명이었다. 학생들의 차림새는 갓을 쓰고 두루마기를 걸치는 등 신식학교에서 영어를 공부하려는 청년들치고는 퍽 진풍경이 아닐 수 없었다.

첫 시간에 교사가 말했다.

"여러분은 앞으로 이 나라의 눈과 입과 귀가 되어 봉사해야 할 것입니다. 임무가 막중하지요. 모두 열심히 하기 바랍니다."

처음에는 영어회화 공부부터 시작했다. 실무적인 통역을 유창하게 해야 하기 때문이었다.

"굿모닝. 왓 이즈 유어 네임?"

"마이 네임 이즈 억 남궁."

그러나 수업 진행은 한계가 있었다. 기본적인 영문법을 습득해야 회화도 실제 상황에서 빠르게 응용이 되기 때문이었다. 남궁억은 등하굣길에 걸어 다니면서 영문법의 규칙을 외우고 또한 좋은 영어 문장을 골라 통째로 중얼중얼 암송했다.

"보이즈 비 엠비셔스(소년아 야망을 가져라.)!"

동네의 젊은 동무들이 손가락질하며 놀려댔다.

"에이 비 씨 디…… 굿 모닝…… 그게 꼬부랑 말이니? 괴상망측한 말을 하니까 사람까지 괴상해 보이는구나. 꿀꿀 하면 돼지, 움머 하면 송아지지롱. 헤헤헤."

"돼지는 소가 하는 말을 알아듣지 못하지."

남궁억도 지지 않고 대꾸했다.

"그 말 같지도 않은 영어는 배워서 무엇에 쓴다고 그래. 미국 사람들의 종노릇이라도 하겠다는 거야?"

남궁억은 당당하게 대답했다.

"얘들아, 내 말을 들어봐. 선진국과 함께 발전하려면 우선 그네들과 말이 통해야 할 것 아니냐? 안 그러면 속아서 큰 손해를 볼 수도 있어."

"글쎄, 아무튼 쉬운 우리말을 놔두고 왜 어려운 영어를 공부한답시고 생고생이냔 말야."

"세계는 급속하게 발전해 가는데 우리만 우물 속에 가만히 앉아 있다간 무슨 일이 일어날 것 같아? 약한 나라가 되어 잡아먹힌단 말야. 너희들도 저 동구 밖의 대못 박힌 소나무를 알고 있겠지? 힘이 약해 왜놈들에게 당한 우리네 가슴의 상처라고 할 수 있어. 다시는 그런 일을 당해서는 안 돼."

남궁억은 말하며 자기 가슴을 쳤다. 친구들은 다시는 놀리지 않았.

남궁억은 학교에서도 열심히 공부했으며, 시간을 내어 잘 따라오지 못하는 학우를 가르쳐 주기도 했다. 혼자만 앞서 나간다는 건 옳지 않다는 느낌이 들었기 때문이었다. 이해력과 기억력이 좋은 그는 교과서를 학습한 뒤엔 도서관에서 명작소설이나 시를 영어로 읽기도 했다. 그는 무작정 공부하지 않고 영어의 특징을 잘 파악한 뒤 그에 맞춰 읽고 쓰고 말하기를 반복했다.

동문학에서는 영어 외에도 일본어와 서양의 수학을 가르쳤다. 남궁억은 모든 과목을 열심히 공부한 만큼 1년 후 수석으로 동문학을 졸업했다.

남궁억은 졸업 후 총해관의 외교 고문을 맡고 있던 묄렌도르프의 추천으로 세관 기능을 했던 한성부 총해관의 견습생이 되었다.

언제 어디서든 자기가 맡은 일을 열심히 한다는 태도로 그는 실무를 차근차근 익혀 나갔다. 처음엔 좀 낯설었지만, 차츰차츰 익숙해졌다.

남궁억은 학교에서 쌓은 영어 실력을 총해관에서 유감없이 발휘했다. 묄렌도르프는 남궁억의 영어회화 능력을 무척 칭찬했다. 더구나 그는 사무를 처리하는 능력까지 신속 정확했으므로 함께 일하는 사람들로부터 큰 신임을 받았다.

종소리가 크게 울려 퍼졌다.

남궁억 교사는 회상에서 깨어나 퍼뜩 정신을 가다듬었다.

어려웠던 일이든 괴로웠던 기억이든 지난날의 추억은 아름다웠다.

운동장의 학생들은 일순간의 자유를 즐기며 재잘거리고 있었다. 해맑은 웃음소리도 들려왔다.

잔뜩 흐려져 가던 하늘에서 희끗희끗 눈송이가 내렸다. 작은 꽃잎 같은 눈송이들은 바람에 날려 허공에서 소용돌이를 쳤다.

잠시 후 시작종이 울렸으므로 대부분의 학생은 교실로 들어갔지만, 감성이 풍부한 여학생들은 뒤돌아 다시 운동장으로 뛰어가며 환호성을 질렀다.

"아, 첫눈이다!"

"내 사랑 첫눈이 오시네!"

뒤이어 소녀들은 휘파람을 불기도 하고, 맑은 목청을 뽑아 설렘과 꿈을 노래하기도 했다.

추운 겨울을 넘어 먼 미래의 소망을 노래하는 여학생도 있었다.

거친 산등성이 골짜기로 봄빛은 우리를 찾아오네
아가는 움트는 소선의 꽃
들녘에 비바람 부딪히고 산 위에 나무들 넘어져도
아가는 봉우리 조선의 꽃
오늘은 이 동산 꾸며놓고 내일은 이 땅에 향기 퍼진
아가는 피어나는 조선의 꽃…….

남궁억은 그 모양을 바라보며 미소를 지었다. 그 노래는 남궁억 자신이 지은 '조선의 꽃'이었다.

그는 겉으로는 근엄한 인상이었으나 속마음은 학생들 못지않게 다정다감한 사람이었다. 만일 행복한 시대에 태어났다면 훌륭한 학자나 예술가가 되었을지도 몰랐다. 실제로 그는 많은 노래를 만들어 사람들이 즐겨 불렀으며, 배화학당의 교가도 그가 직접 지은 것이었다. 또한 시조도 잘 짓고 서예에도 조예가 깊어, 직접 한글 붓글씨 교본을 정성 들여 써서 학생들을 가르쳤다. 그 외에도 사람들의 심금을 울리고 깨우쳐 주는 많은 글을 썼다.

그는 자기의 재능을 자신만의 출세와 부귀영화를 위해 사용하지 않았다. 일본의 식민지가 된 시대이긴 했지만, 그 당시에도 얄팍한 재주를 팔아 돈과 명예를 탐하는 사람은 많았다. 그러나 그는 오로지 나라 잃은 백성의 꿈을 위해 자기의 타고난 재능을 모두 쏟아 부었다.

바람이 거세어질수록 눈송이들은 공중에서 방황하며 애처롭게 떠돌아다녔다. 소녀들이 부르는 노래 속의 봄은 언제나 올지 아득하기만 했다.

독립문

엄동설한嚴冬雪寒의 계절이었다.

모든 것이 꽁꽁 얼어붙고 있었다. 삼천리 금수강산을 핏줄처럼 휘돌아 흐르던 강물마저도 얼어붙어 소리를 내지 못했다. 돌을 던지면 쩡쩡쩡 깨어지며 슬픈 비명을 지를 뿐이었다.

조선총독부는 일본 정부의 명령을 받아 한반도를 완전히 집어삼키려 작정하곤 물불을 가리지 않았다. 한층 강력한 무단통치의 빌미를 만들고 독립운동을 탄압하기 위해 온갖 꾀를 다 냈다. 그들은 이른바 105인 사건을 억지로 날조했는데, 그 사건의 전말은 이러했다.

평안도와 황해도 등 서북지역에서는 신민회와 기독교도들을 중심으로 새로운 민족문화운동을 통한 독립의 기운이 들불처럼 번지고 있었다.

 총독부는 이 운동을 뿌리 뽑기 위해 어떤 사건을 조작했다. 먼저 군자금을 모금하다가 잡힌 안명근 의사를 잡아 족쳤다. 그는 안중근 의사의 6촌 동생으로 황해도 신천 사람이었다. 일찍이 북간도로 망명해 신천 일대를 중심으로 독립운동 군자금을 모금하다가 일본 경찰에 잡혀 경무총감부로 압송되었던 것이다.

 안명근 의사는 신민회 회원은 아니었다. 그러나 경무부는 이번 기회에 황해도 일대의 항일운동을 뿌리 뽑으려 작정했다. 그리하여 그 사건을 신민회 황해도지회 주요 간부들의 지시에 따른 것으로 날조해 황해도 일대의 지식인과 재산가 등 독립지사 6백여 명을 검거했다. 그리고 신민회 중앙간부들을 모두 구속했다. 양기탁, 이동휘, 이승훈 등 신민회 간부들이 서간도에 독립군 기지를 건설해 국권 회복을 도모했다는 것이었다.

 일본 경찰은 악독한 고문으로 허위 자백을 받아내려 했다. 그들은 독립운동을 일으킬 가능성이 있는 애국지사들을 사전에 일망타진하기 위해 사건을 조작해야만 했던 것이다. 마침 그 무렵 압록강 철교 준공 축하식이 있었는데, 조선 총독 데라우치가 신의주를 향해 출발하는 날을 이용해 총살하려는 음모가 있었다고 어거지로 꾸몄다.

 그런 다음 경무총감부는 야만적인 고문으로 끝까지 억지 자백을 강요했다. 그 고문으로 두 명이 사망하고 많은 사람이 불구자가 되었다. 억지 공판에 회부된 1백여 명은 기소되어 경성지방법원에서

재판을 받았다. 공판 중 윤치호, 양기탁, 유동열 등은 고문에 의한 날조라면서 무죄를 주장하는 등 완강한 투쟁을 벌였다. 그러나 재판부는 재판을 강행하여 날조된 판결문을 작성하고 윤치호, 이승훈, 양기탁 등 애국지사들에게 쇠창살 속의 징역형을 선고한 것이었다.

일본의 해괴망측한 연극에 의해 고통받는 벗들을 보면서 남궁억은 깊은 분노와 비애를 느꼈다.

친구들을 찾아 면회라도 하려 했으나, 일본 당국은 불온분자라는 이유로 기어코 허락하지 않았다.

남궁억 자신도 감옥 속에 갇혀 짐승보다 비참한 대우를 얼마나 많이 받았던가. 지난 세월을 생각하면 가슴속에 알알이 맺힌 한이 눈물로 변해 어느결에 눈시울을 적시는 것이었다.

그것은 다 무엇을 위한 행동이었던가? 무자비한 일본 경찰에 잡혀 감옥에 들어가면 죽은 목숨임을 각오해야 하는데도 어찌 그럴 수 있었던가?

그건 오직 썩은 고목나무처럼 점점 쓰러져 가는 나라를 구해야 한다는 일념 때문이 아니었던가. 그는 자신의 마음속에 혹시 다른 욕망이 있었던지 생각해 보았다. 인간이란 누구나 욕심에 사로잡히는 순간, 자기 자신을 위한 사사로운 일도 민족을 위한 대단한 일인 양 사기를 치는 것이다. 남궁억은 스스로 엄격하려고 노력하며 회상해 보았다. 지난 세월의 희비애락 서린 일들이 주마등처럼 그의 머릿속을 스쳐 갔다.

한서 남궁억은 서른네 살 때인 1896년부터 본격적으로 정치 결사단체에 참여하기 시작했다.

그 당시엔 일본뿐만 아니라 중국까지도 이 나라를 집어삼키려 노리고 있었다. 하기야 조정의 벼슬아치라는 자들이 작당하여 조선을 스스로 중국에 바치려 하고 있었으니 어찌 그러지 않겠는가.

그런 작태를 두고 볼 수 없어 서재필, 이상재, 윤치호 등 젊은 애국지사들이 나서서 우리나라 최초의 근대적인 결사단체인 독립협회를 만들었다. 그 근본정신은 국민에게 독립심을 심어 주고, 선진국의 문화를 소개하여 사회를 개화시키며, 외세에 의존하려는 정부의 정책을 바로잡으려는 것이었다.

그때까지 이 나라는 청나라의 속국이나 다름없었다. 그래서 그곳에서 사신이 오면 서대문 무악재 밑에 있는 영은문迎恩門 앞에서 마치 청나라의 황제인 듯이 귀히 맞이하여 받들어 모셨다. 그들이 묵는 모화관慕華館에서는 호화로운 잔치가 벌어졌다.

독립협회는 치욕스런 그 모화관을 헐어내고 독립관을 지었으며 영은문을 헐어 버린 자리에 독립문을 세워 자주독립과 자유민주 정신의 상징으로 삼았다.

남궁억은 독립협회가 창립될 때부터 수석총무와 사법위원의 중책을 맡아 기우는 나라를 구하려는 한마음으로 열심히 일했다. 그는 무슨 일이든 오직 나라를 중심으로 삼아 옳고 그른 것을 가려 정정당당하게 처리했으므로 사람들은 '남궁고집'이라고 부르곤 했다.

독립협회는 또한 〈독립신문〉을 펴내 나라 안팎의 주요 소식을 알리는 한편, 외세의 침략을 몰아내고 홀로 서자는 자주정신을 끊임없이 일깨웠다. 주필은 서재필이 맡았고, 한글판 독립신문은 주시경, 영문판 독립신문은 남궁억이 맡아서 발간했다.

 그 무렵 명성황후 살해사건이 일어났다. 일본은 조선을 침탈하는 데 가장 큰 방해요소로 왕비였던 명성황후를 지목하고 제거하고자 했다. 그것은 일명 '여우사냥'으로 불렸다.

 새벽에 경복궁 안의 옥호루로 숨어들어온 일본 낭인들의 손에 의해 명성황후는 처참하게 시해당했다. 시신마저 향원정의 녹원에서 불살라지는 수모를 당했다.

 왕비 살해는 충격적인 사건이었다. 시아버지인 대원군이 그 틈에 잠시 권력을 되찾는 듯했다. 하지만 고종 황제가 자신의 아버지마저 믿을 수 없어 러시아 공관으로 피신함으로써 대원군은 곧 실각하고 말았다. 일국의 황제가 왕궁에 있지 못하고 피신하여 외국 군대의 보호를 받고 있으니 그 처지는 말이 아니었다.

 그 기회를 잡은 러시아 공사는 고종에게 압력을 가하여 압록강 연안과 울릉도의 삼림채벌권을 비롯하여 함경도의 광산채굴권, 인천 월미도 저탄소 설치권 등 경제적인 이권을 차지했다.

 남궁억을 비롯한 독립협회 간부들은 러시아 공관으로 달려가 고종에게 호소했다.

 "폐하, 이건 나라의 수치이옵니다. 어서 환궁하셔서 정무를 살피

서야 합니다."

얼마 후 고종 황제가 경운궁으로 돌아오자 독립협회 회원들은 상소를 올렸다.

"친러파인 이범진과 러시아 공사를 해고하십시오. 그리고 민주적인 절차에 따라 중추원 의원을 뽑아서 정치에 참여케 하십시오."

조정에서는 독립협회가 여론에 미치는 영향력을 무시할 수가 없어 울며 겨자 먹기로 겨우 허락을 했다.

그러자 조정의 수구파들은 1898년 가을에 거짓 보고를 올렸다.

"독립협회가 황제를 폐하고 공화국을 건설하려 합니다."

고종은 즉시 독립협회 해산명령을 내리고 이상재, 남궁억 등 독립협회 회원 17명을 구속했다. 이른바 익명서匿名書 사건이었다.

감옥에 갇힌 독립협회 회원들은 반역 도당으로 몰려 모진 고문을 당했다. 당시엔 이미 일본 경찰력이 감옥의 형벌을 좌지우지하고 있었다.

남궁억은 '학춤'이라는 극악한 형벌을 당했다. 학춤은 밧줄로 양어깨를 걸어서 뒷등으로 모아 빗장을 꽂아 올리는 고문으로서 마치 가슴이 찢어지는 듯한 고통을 주었다.

그때마다 굴복하지 않고 견디낼 수 있었던 건 늙은 어머니의 쪽지 때문이었다. 어머니는 사식을 넣을 때 밥 속에다가 '너보다는 나라를 생각하거라.' 하는 쪽지를 넣어 주었다.

또한 열일곱 살이 된 아들 염은 감방 앞에 거적을 깔고 엎드려 울

부짖었다.

"죄 없는 우리 아버님을 어서 내어놓아라!"

그는 열흘 동안이나 단식투쟁을 하며 계속 부르짖었다. 이에 흥분한 민중들이 관공서를 습격하는 등 소란이 일자 당국은 별수 없이 구속했던 애국지사들을 석방했다.

독립협회는 결국 해산되고 말았으나, 그 후 만민공동회로 이어지다가 대한자강회大韓自強會와 대한협회로 그 정신이 계승되었다.

남궁억은 대한협회의 회장으로 추대되어 바쁘게 일했다. 그는 교육과 문화의 발달을 추구했으며, 나쁜 풍습을 고치는 데 앞장섰다. 그리고 강연회를 통해서 국민의 권리와 의무 등에 대해 자세히 알려 민주의식을 넓혀나갔다.

또한, 기관지인 〈대한협회회보〉를 창간하여 국민이 정치, 역사, 철학 등에 대한 교양을 깊이 지니도록 애를 썼다.

회보 제3호에는 다음과 같은 남궁억의 글이 실렸다.

> 바늘은 비록 작은 물건이지만 그 귀 부분도 있고 끝 부분도 있으니, 그 끝 부분을 제거해도 쓸모가 없으며 그 귀 부분을 제거해도 쓸모가 없다.
>
> 하물며 거대한 사회를 어찌 한 사람의 지혜로 다스릴 수 있겠는가?
>
> 두루 넓게 견문을 구하여 경영의 기초를 세우는 것은 선진의 직분이고, 앞날의 험난함과 평이함을 예상하여 그 설 자리를 굳게 하는 것

은 청년의 책임이다.
 한가로움을 틈타지 않고, 헛된 것을 찾지 않으며, 그림자를 좇지 않고, 각각의 직분을 다하여 힘써야 하리라.

남궁억은 자신을 필요로 하는 곳이면 어디든지 달려가 성심을 다해 일했다. 여러모로 어깨가 무거웠으나 그는 거인처럼 민족의 역사를 짊어지고 성큼성큼 걸어나갔다.

제8장

눈을 뜨고 귀를 열어라

식민지 백성의 삶은 하루하루가 고달팠다. 언제 무슨 일이 벌어질지 몰라 마치 살얼음판을 걷듯 위태로운 세월이었다.

얼음 덩어리 속에라도 갇힌 듯 살벌하고 답답하게 살아가던 어느 날 아침이었다. 신문을 보고 있던 남궁억은 문득 이런 생각을 하였다.

'신문이 며칠마다 한 번씩 나온다는 건 새 소식을 담기엔 너무 느려. 신문을 날마다 발간하여 뉴스를 빠르게 전해 준다면 국민들이 무척 좋아할 거야.'

그는 곧 일간신문을 펴낼 준비에 착수했다. 그의 가슴은 희망과 모험심으로 뛰었다.

그 무렵엔 일본의 입김을 받은 조정의 탄압으로 〈독립신문〉도 폐간된 상태였다. 사람들에게 세상이 돌아가는 상황을 알려줄 새로운 매체가 필요했다. 남궁억은 자금을 모으기 위해 이리저리 분주히 뛰어다녔다. 그의 인품과 능력을 믿었기에 많은 사람이 호응해 주었다.

준비가 거의 마무리되자 남궁억은 창간사의 초안을 작성했다. 먼저 황성신문은 한문을 아는 특권층만 대상으로 하지 않고, 한글과 한문을 적절히 섞어 써서 일반대중의 지식계발을 꾀하려 한다고 밝혔다. 그리고 정부의 부정부패를 파헤치고, 일본의 침략야욕과 정책에 대해 비판하며, 국민의 애국심과 독립정신을 고취하는 계몽활동을 목표로 한다고 천명했다.

그는 신문사의 모든 사원을 한 가족처럼 대했다. 엄숙한 사장이 아니라 인자한 아버지와도 같았다.

납으로 만든 활자를 하나하나 일일이 뽑아 원고대로 조판을 하는 식자공들 곁으로 다가가 어깨를 두드리며 격려하기도 했다.

"취재하고 원고를 쓰는 기자도 중요하지만, 이렇게 활자를 골라 모아서 신문의 원판을 만드는 여러분의 노력은 더욱 소중합니다. 고생스럽더라도 모두 힘을 합쳐 우리 민족의 앞길을 밝힌다는 사명감을 갖고 분투합시다."

그리하여 마침내 1898년 9월 5일, 우리나라 최초의 일간신문인 〈황성신문〉이 창간되어 세상에 나왔다.

남궁억은 막 인쇄되어 나와 아직 잉크 냄새와 따뜻한 온기가 채 가시지 않은 신문을 들고 흐뭇하게 미소 지었다.

"넌 우리 모두의 자식이야. 앞으로 탈 없이 무럭무럭 자라 우리 민족의 눈과 귀와 입이 되길 빈다."

마치 사람에게 하듯이 신문을 보고 말했다.

하지만 황성신문의 정직하고 진실한 논조는 정부의 미움을 받게 되었다. 그래서 발행인은 여러 차례 경무청에 검거되어 심한 고문을 당했다.

남궁억은 '러시아와 일본이 꿍꿍이속의 밀약으로 한국을 분열하려고 교섭하고 있다.'라는 기사를 황성신문에 게재하여 경무청에 수감당했는데, 이것은 한국 언론사상 최초의 필화사건이었다.

황성신문의 그 폭로 기사가 국민들의 큰 관심을 끌게 되자 일본은 두려움을 느꼈는지 꼬투리를 잡아 방해공작을 폈다. 사장 남궁억이 불순분자들과 모의하여 역적질을 꾸미고 있다고 누명을 씌워 경무청으로 잡아들였다.

"쿠데타를 일으켜 성공하면 당신이 황제가 되려 했겠지? 그래서 신문 이름도 황성신문이라고 지었겠지?"

형사과장이 빙글빙글 웃으며 말했다.

"왜 얼토당토 않은 누명을 씌우느냐! 나는 사실대로 신문에 실어 국민들에게 알린 죄밖에 없다. 그것이 죄라면 우리더러 눈과 입을 막고 살라는 것이냐?"

남궁억은 굴하지 않고 소리쳤다.

"흥, 한번 버텨 보겠다 이건가?"

형사과장은 우락부락한 부하들을 불러들였다.

"벗겨 버렷!"

"옛!"

지시를 받은 자들은 남궁억에게로 달려들어 옷을 모조리 벗겨 버렸다. 그러고는 구석으로 끌고 가서 두 팔을 높직한 가로대 위에다 묶어놓았다. 남궁억의 모습은 마치 십자가 기둥에 묶인 예수상과도 같아 보였다.

"이래도 바른대로 불지 않겠어?"

형사과장이 눈에 핏발을 세우고 소리쳤다.

"나는 사실을 신문에다 보도했을 뿐이다. 나는 역적 모의를 한 적이 없다. 우리나라를 집어삼키려고 추악한 모의를 하는 것은 바로 너희 일본이 아니냐!"

남궁억은 두 눈을 부릅뜨고 소리쳤다.

"빠가야로! 정말 질긴 놈이로군. 야, 시작해!"

형사과장이 냉랭한 목소리로 소리쳤다.

그의 부하들은 한옆에 벌겋게 타고 있는 화로 속에서 가느다란 쇠꼬챙이를 하나 집어들었다. 쇠꼬챙이는 빨갛게 달아 있었다.

"마지막 기회다. 실토하라!"

형사과장이 음침스레 킬킬거리며 소리쳤다.

"난 죽음이 두려워 거짓말을 하진 않는다."

그와 동시에 쇠꼬챙이가 그의 사타구니께로 갔다.

지지직 하는 소리와 함께 살이 타는 냄새가 났다. 붉게 단 쇠꼬챙이는 고환에 닿아 있었다. 정녕 야만스럽고 지독한 고문이었다.

그래도 남궁억은 이를 굳게 다물 뿐 굴복하지 않았다. 입술이 찢어져 피가 방울방울 맺혔다가 흘러내렸다. 남궁억은 얼마 후 끝내 기절하고 말았다.

경무청에서는 온갖 악독한 고문을 했지만, 혐의를 밝혀내지 못하자 4개월 만에 남궁억을 석방했다. 그의 몸은 만신창이가 되어 있었다.

출옥한 뒤 남궁익은 황성신문사를 동지인 장지연에게 맡기고 일선에서 물러났다. 한동안이라도 쉬며 심신을 추슬러야 했다.

남궁억은 편집실에서 장지연의 손을 잡고 말했다.

"여보게, 자네만 믿겠네."

"한서, 염려 말고 몸조리나 잘하시게나."

장지연도 남궁억의 손을 꼭 잡으며 대답했다.

그 후에도 황성신문은 남궁억의 창간정신을 계승하여 일본의 침략에 저항하는 민족언론의 임무를 다해 나갔다.

일본은 러일전쟁 초기에 중립을 선언한 한국을 자기편으로 끌어들여 전쟁을 유리하게 진행시키고 한국 침략을 본격화하기 위해 강제로 한일의정서를 체결했다. 황성신문은 이를 사실대로 보도했다가 기사를 삭제당했다.

그러나 황성신문은 저항정신을 버리지 않았다. 국민들에게 일본의 탄압을 상징적으로 전하기 위해, 활자를 거꾸로 놓고 인쇄한 이른바 '벽돌 신문'을 발행하여 배포했던 것이다. 활자의 뒤쪽 평평한 모습만 인쇄되어 마치 벽돌처럼 보였다. 비록 글자는 보이지 않았지만 사람들은 그 속에 숨은 뜻을 충분히 짐작할 수 있었다.

어느 날 월남 이상재가 남궁억의 집을 방문했다. 좀 여위고 꼬장꼬장한 모습이지만 늘 꾸밈없는 미소를 잃지 않는 어른이었다.

"선생님, 어서 오십시오. 제가 찾아 뵈어야 하는데 이렇게 몸소 오셨군요."

"누가 먼저 오면 어떻겠나. 뭐 이건 내가 자네보다 더 건강하다는 증거가 아니겠나, 허허. 건강한 사람이 먼저 발걸음을 해야지. 그나저나 자네가 어서 건강을 되찾아야만 우리 대한의 국민들과 삼천리 강토도 힘을 얻을 텐데 말이야. 자네가 이러고 있으니 하늘의 해님도 왠지 빛이 약해진 느낌이야. 나도 그렇고 말야."

"과분한 말씀이십니다. 그리고 걱정을 끼쳐 송구스럽습니다."

"송구스럽다니, 이게 어디 자네 잘못이던가. 간악한 일본 놈들의 행패 때문이지!"

이상재의 긴 수염이 짐짓 파르르 떨었다. 솔직담백한 그의 성품이 그 떨림에 서려 있는 듯했다.

두 사람은 독립협회 시절부터 인연을 맺었다. 청렴결백하고 자상한 월남 선생은 협회의 부회장으로 활동하면서 젊은 동지들을 잘 이끌었다. 특히 대쪽같이 곧은 성품에 뛰어난 실무 능력까지 갖춘 남궁억을 좋아하고 아꼈다. 마치 동생이나 제자처럼 허물없이 대하면서 많은 것을 가르쳐 주었던 것이다.

남궁억도 또한 그런 월남 선생을 마음으로부터 존경하고 따랐다. 월남 이상재는 남궁억이라는 다이아몬드 원석을 갈고 다듬어 미래의 훌륭한 민족 지도자가 되도록 이끌었다. 스승이면서 또한 지친 마음을 기대고 쉴 수 있는 푸근한 안식처 같은 존재이기도 했다.

성격이 소탈한 월남은 열 살이 넘는 나이 차이에도 권위의식을 보이지 않고 남궁억을 든든한 벗이자 동지로 대하였다. 한 번은 이런 일이 있었다.

남궁억이 야간학교에서 젊은 학생들과 어울려 유쾌하게 놀고 있는 모양을 본 월남이 말했다.

"여보게, 자네는 어쩐 일인지 늘 홍안백발(紅顔白髮 : 머리는 하얗게 세었으나 얼굴은 붉게 윤기가 돈다는 말)이니 아마도 백 살은 넘게 살 듯하네 그려."

그러자 남궁억은 맞장구를 쳤다.

"제가 늙은 티를 내면 청소년들이 함께 놀려고 하겠습니까. 노는 마당에 나이 차이가 뭐 있겠습니까?"

"그럼 나도 좀 섞여서 놀면 안 될까?"

두 사람은 흰 수염을 저녁바람에 휘날리며 껄껄 웃었다.

그런 추억이 엊그제의 일인 것만 같은데, 남궁억은 지금 고문의 후유증으로 인해 얼굴이 초췌하고 창백해져서 보는 이의 가슴을 아프게 했다.

"여보게 한서, 어서 튼튼해져서 우리 함께 남산에도 오르고 젊은 이들과 어울려 공놀이도 하세나."

월남이 말했다. 그도 역시 일본 경찰에 끌려가 감옥에서 고생한 적이 있었다. 일찍이 그는 독립협회 사건으로 구금되었다가 갖은 치욕을 당한 뒤 석방되었다. 그 후 독립협회가 일본의 탄압으로 해산되자 이상재는 나라의 운명을 걱정하며 조정에 뿌리박은 기생충 같은 탐관오리들의 부정부패를 폭로하였다. 그 때문에 대신들의 미움을 받은 그는 혁명을 모의했다는 이른바 개혁당改革黨 사건에 연루되어 다시 구금되었다. 3년에 걸쳐 감옥에서 복역하는 동안 그는 성경을 읽고 느낀 바가 있어 기독교에 입교했다.

'칼에 칼로 맞서면 온 세상에 피만 흐를 뿐이다. 예수님은 로마제국의 압제를 무척 미워했지만, 칼로 맞서기보다는 진리를 국민들에게 교육하고 스스로 직접 실천함으로써 대항했다.'

그렇게 생각한 월남은 감옥에서 석방된 뒤 기독교청년회YMCA에 가입하여 교육부장으로서 민중계몽에 온 힘을 쏟았다.

"지혜를 깨쳐라, 믿음을 지녀라, 희망을 잃지 마라!"

이런 세 가지 가르침을 내걸고 청소년 교육에도 마음을 기울였다.

월남은 유머를 잘 구사했다. 어느 날 기독교청년회에서 강연할 때였다. 문득 자리에 일본 형사들이 쫙 깔린 것을 눈치챈 그는 갑자기 먼 산을 바라보며 소리를 쳤다.

"허허, 때아닌 개나리꽃이 왜 저렇게 많이 피었는가?"

그 당시 조선인들은 일본 형사를 개, 순경을 나리라고 불렀던 것이다. 여기저기서 웃음소리가 번져 나갔다. 일본 형사들은 슬그머니 자리를 뜨고 말았다.

또한, 매국노 이완용이 창설한 조선미술협회의 발대식에서는 이토 히로부미와 송병준이 참석한 가운데 이런 말을 했다.

"대감들은 동경에 가서 사시는 게 어떨까 싶소. 대감들은 나라를 망치는 데는 천재이니 동경으로 이사를 가면 일본도 망하게 될 테니 말이오."

낯 두꺼운 그들도 아마 속으로는 움찔했을 것이다.

어느덧 뉘엿뉘엿 해가 지고 있었다. 서산마루에는 붉디붉은 노을이 걸려 있었다.

그것을 지그시 바라보던 월남이 입을 열었다.

"여보게 한서, 고난의 길만 찾아다닌 것을 보면 우린 아마 같은 운명을 타고난 듯하군. 이제 나 같은 늙은 고물이야 별 쓸모가 없겠지만, 자네 같은 인재야말로 앞으로 더욱더 이 나라가 필요로 하는 일이 많을 테니 건강에 특히 유의하게나."

"과분한 말씀입니다. 그동안 몸져누워 있어 보니 몸이 감옥이라는 생각이 들었습니다."

남궁억이 차분히 말했다.

"옛말에 이런 게 있지. 바깥에 우환이 있는 건 지엽적이지만, 안에 우환이 있는 건 근원적인 병이라고 말야. 훌훌 털고 일어나세 그려."

"잘 알겠습니다."

"그럼 내 또 옴세. 잘 지내게."

"네, 다음엔 제가 찾아뵙겠습니다."

남궁억의 얼굴은 아까보다 혈색이 돌았다. 마음으로부터 존경하는 월남 선생과 얘기를 나눈 것만으로도 희망이 솟았다.

제9장

청춘의 빛

먼 지난날을 되돌아보면 세찬 눈보라 속에서 잘 보이지도 않는 희미한 길을 헤쳐 걸어온 느낌이었다. 쓰러질 듯 쓰러질 듯하면서도 다시 일어서서 걸음을 옮길 수 있었던 건 스스로의 힘에 의한 것만은 아니었다.

나를 벗어나 더 큰 목표를 위해 옳게 살아갈 때 나오게 되는 에너지 덕분이었다. 그리고 나라를 위해 분투하는 동지들의 원호와 선배들의 격려가 모여 하나의 큰 강을 이루는 것이다. 목표에 대한 믿음이 있기에 조각배를 타고 그 강물을 지나 거친 바다 위를 떠 가더라도 고달픈 줄 몰랐다.

남궁억 교사가 배화학당에서 학생들을 가르친 지도 어언 8년이 되어 가고 있었다.

　그 무렵 일본의 횡포는 극에 달한 상태였다. 강제로 남의 땅을 빼앗아 다스리려고 하니 총칼을 앞세워 발악을 하지 않을 수 없는 것이었다. 온 나라 구석구석에 밀정을 풀어 일거수일투족 빈틈없이 감시하고, 조금이라도 의심스러우면 즉시 체포하여 감옥에 가두었다.

　총독부는 이미 전에 조선감옥령을 공포했었다. 날이 갈수록 법 조항은 더욱 엄하고 살벌해졌다. 경성을 비롯하여 삼천리 방방곡곡에 감옥이 들어섰다. 그리하여 아무 죄 없는 사람까지도 자기들 눈에 거슬리면 쥐새끼 잡듯 붙잡아 감옥 속에 처넣어 버렸다.

　진리를 탐구하는 학교에도 일본 군인과 경찰의 더러운 군홧발이 마구 드나들었다. 총칼을 번득이면서. 교사들은 성깔 사나운 그들의 쌍욕을 얻어먹기가 일쑤였다.

　아무리 대담한 남궁억이라도 일본 경찰의 철통 같은 감시와 압제를 피해 우리 말과 역사를 제대로 가르칠 방도가 없었다. 거짓으로 미화된 일본의 역사와 말글을 울며 겨자 먹듯 가르치느니 차라리 죽고 싶을 지경이었다. 일본은 남궁억 같은 강직한 애국지사를 회유하여 자기네들 편으로 끌어들이기 위해 온갖 공작을 펼치며 괴롭혔다. 만일 남궁억 같은 애국지사를 한 사람 끌어들이면 수많은 국민을 일본에 동조하게 만드는 효과가 있기 때문이었다. 실제로 일본은 여러 명의 유명한 조선 사람들을 온갖 위협이나 감언이설로 끌어들여 자기들의 악랄한 식민지 정책을 화려하게 선전하는 데 써먹었다.

"오, 지혜롭고 사랑 깊으신 예수님, 어떻게 해야 할지 가르쳐 주옵소서!"

남궁억은 학교의 예배실로 들어가 무릎을 꿇고 기도했다. 그는 오래도록 묵상에 잠겼다. 어떤 큰 문제에 부닥쳤을 때 자신의 좁은 머리로 애써 해답을 구하기보다는 오히려 머릿속과 마음속을 텅 비운 채 우주 창조주의 지혜를 받는 것이 옳다는 것을 그는 이미 체험하고 있었다.

그는 얼마 전에 종교교회에서 본처 전도사로 임명되었는데, 기도에 대한 그런 생각을 교인들 앞에서 피력하기도 했다.

"우리가 하나님께 기도할 때 자꾸 자기에게 필요한 것을 달라고만 하면 마음속이 욕심으로 꽉 차서 정작 하나님이 주시는 선물을 받을 수가 없게 됩니다. 그러기보다 마음을 텅 비우고 우리의 참다운 소망을 순수하게 하나님께 맡길 때 더욱더 좋은 것을 받게 된다고 봅니다."

교인들은 그의 말대로 기도해 보고 나서 신기하다고 입을 모았다.

한 시간이나 지난 후 남궁억은 예배실을 나왔다. 들어갈 때와는 달리 근심이 좀 걷힌 얼굴이었다.

겨울방학이 가까이 다가오고 있는 어느 날이었다. 이제 며칠 후면 1918년 무오년도 저물 것이었다. 교실 창밖에서는 찬바람이 윙윙 불어대고 있었다.

남궁억은 교실로 들어서자 교과서를 교탁 위에 놓은 채 창밖을 물끄러미 바라보고 있었다. 학생들도 선생의 기분을 감지했는지 재잘

대지 않고 조용했다. 그는 천천히 입을 열었다.

"오늘은 내가 시를 한 편 읊을 테니 음미하면서 들어 보기 바랍니다. 사무엘 울만Samuel Ulman의 '청춘'이라는 시입니다."

그는 목청을 가다듬고 나서 낭랑하게 읊기 시작했다.

청춘이란 인생의 어느 한 시기가 아니라 마음가짐이다.
장미빛 볼, 앵두 같은 입술, 하늘거리는 자태가 아니라
강인한 의지, 풍부한 상상력, 불타오르는 열정을 뜻한다.

청춘이란 인생의 깊은 샘에서 솟아나는 신성한 정신이다.
청춘이란 두려움을 물리치는 용기,
안이한 마음을 뿌리치는 모험심을 뜻한다.
때로는 스무 살 청년보다 예순 살 노인이 더 청춘일 수 있다.

나이를 먹어 가는 것만으로 사람은 늙지 않는다.
꿈을 잃어버릴 때 비로소 늙는 것이다.
세월은 우리의 주름살을 늘게 하지만
열정을 가진 마음을 시들게 하지는 못한다.
고뇌, 공포, 실망 때문에 기운이 먼지 속으로 사라질 때
비로소 마음이 시들어 버리는 것이다.
 예순 살이든 열여섯 살이든 인간의 가슴에는

경이로움에 이끌리는 마음,
어린아이와 같은 미지에 대한 끝없는 탐구심,
인생에 대한 즐거움과 환희가 있다.

그대에게도 나에게도 마음 한가운데 안테나가 있다.
인간과 하나님으로부터 아름다움, 희망, 기쁨, 용기,
그리고 힘의 영감을 받는 한 그대는 젊다.

그러나 영감이 끊어져
정신이 싸늘한 냉소의 눈에 덮이고 비탄의 얼음에 갇힐 때
스무 살이라도 인간은 늙는다.
머리를 높이 쳐들고 희망의 물결을 타고 가는 한
여든 살이라도 영원한 청춘의 소유자인 것이다.

남궁억은 낭독을 마치고도 그대로 창밖을 바라보고 있었다.
한동안 침묵이 흘렀다. 얼마 후 남궁억은 학생들 쪽으로 돌아서서 말했다.
"이 세상에는 뜨거운 열정을 가슴에 지닌 채 살아가는 사람과 절망 속에서 허우적거리다가 죽는 사람이 있습니다. 지금 우리나라는 암흑천지이지만 그렇다고 어두운 마음으로 살아서는 안 됩니다. 가슴속에 열정을 지닌 채 살아가야 합니다.

열정을 지닌 채 산다는 건 늘 깨어 있는 의식으로 삶의 의미를 찾고 스스로 실천함을 뜻합니다. 오늘날의 현실이 어둡더라도 실의에 빠지거나 게으르지 말고 별처럼 빛을 내며 스스로의 성좌를 찾아가야 합니다. 우리가 이 세상에 태어나 산다는 게 얼마나 귀중한지 인식해야 합니다. 청춘은 세상의 더러움에 물들지 않고 끊임없이 자기를 닦아 나가는 자의 것입니다."

남궁억은 잠시 말을 멈추곤 숨을 들이쉬었다. 그리고 제자 한 사람 한 사람의 눈을 똑바로 바라보았다. 숙연한 침묵이 흘렀다. 학생들은 초롱초롱한 눈으로 다음 말을 기다렸다.

"청춘의 밝은 빛은 자기만의 욕심을 위한 것이어서는 의미가 없습니다. 타인을 도와주고 우리의 공통적인 어둠을 밝히는 횃불로 타오를 때 가치가 있습니다. 지금 우리나라는 어둠 속에서 청춘의 별빛과 열정을 요구하고 있습니다. 여러분이 여기서 자신을 갈고 닦아 사회에 나갈 때 어떤 마음가짐이 필요한지 스스로 물어보아야 할 것입니다. 이제야 밝히지만, 이 시간을 끝으로 여러분과 나는 헤어져야 합니다. 나의 이 말은 여러분에게 주는 마지막 말이 될지도 모릅니다."

조용하던 교실이 술렁거리기 시작했다. 남궁억은 차분하면서도 또렷이 말을 이었다.

"청춘은 말 그대로 푸른 봄입니다. 이 겨울이 지나면 곧 봄이 올 것입니다. 앞으로 여러분이 새봄의 시대를 열어가야만 합니다. 청춘은 열정과 희망의 다른 이름임을 잊지 말고, 이 시대의 햇빛과 별빛이 되어 열심히 살아가길 우리 함께 약속합시다!"

수런거리던 교실은 문득 숨소리마저 끊긴 듯한 침묵으로 채워졌다. 그러나 곧이어 박수 소리가 하나둘 터져 나왔다. 감동이기도 하고 약속한다는 표시이기도 한 박수였다.

남궁억 스스로 나이를 떠나 제자들과 어울리며 그렇게 살았듯이, 스승의 깨어 있는 열정이야말로 원숙한 청춘의 본보기가 되어 주었다.

이윽고 박수 소리에 섞여 흐느끼는 소리가 여기저기서 들려오기 시작했다. 흐느낌은 곧 울음으로 바뀌었다. 소녀들의 흐느낌은 잔물결처럼 피져 나가 눈물의 바다를 이루었다.

남궁억도 손수건을 꺼내 눈가를 눌렀다. 그 하얀 손수건엔 고운 무궁화 무늬가 수 놓여 있었다. 지난번에 어떤 학생이 선물해 준 것이었다. 학생들도 손수건을 꺼내 쉼 없이 흐느끼며 눈물을 닦았다. 모두의 마음도 흰 손수건의 고운 무궁화도 작별의 설움으로 젖어들었다.

"선생님, 가지 마세요! 제발요. 갑자기 가신다면 저희들은 어떡해요."

한 학생이 책상에서 얼굴을 들고 눈물이 그렁그렁한 눈으로 말했다. 그러자 다른 학생들도 입을 모아 소리쳤다.

"선생님, 가시지 마세요! 우리들의 영원한 선생님!"

남궁억은 대답 대신 희미한 미소를 지었다. 그 역시 학생들과 영원히 함께 하고 싶었다. 그러나 매서운 현실은 그런 꿈을 허락하지 않

청춘의 빛

았다. 그의 심신은 알게 모르게 많이 쇠약해져 있었다. 예전에 경무청 감옥에서 받은 고문 탓도 있었지만, 그동안 일신을 돌보지 않은 채 교육과 나라를 위한 일에 심혈을 쏟다 보니 휴식이 많이 필요한 상태였다.

제3부

거친 산등성이 골짜기로 봄빛은 우리를 찾아오네
아가는 움트는 조선의 꽃 들옆에 비바람 부딪히고
산 위에 나무들 넘어져도 아가는 봉우리 조선의 꽃
오늘은 이 동산 꾸며놓고 내일은 이 땅에 향기 퍼진
아가는 피어나는 조선의 꽃 아가는 피어나는 조선의 꽃

제10장

보리울 가는 길

긴 겨울도 자연의 운행에 따라 지나가고 봄이 왔다.

헐벗은 산과 들에도 푸른빛이 돌고 멀리 아지랑이가 아른거렸다. 아직 꽃샘추위가 조금 남아 있으나 강가의 버들가지에는 새움이 트고 산 중턱엔 분홍빛 진달래가 피어났다. 논과 밭엔 흰옷 입은 사람들이 점점이 들어서 향기로운 흙을 뒤집고 씨를 뿌리거나 김을 매었고, 하늘 높이 어디선가 노고지리가 저 홀로 봄기운에 겨워 솟구쳐 날며 '비이비이 배배' 청아한 소리로 우짖었다.

풀꽃이 흐드러지게 핀 한적한 들길을 한복차림의 한 노인이 천천히 걷고 있었다. 산들바람이 그의 흰 옷자락과 흰 머리 그리고 길고 흰 수염을 흔들었다.

그는 시끄러운 경성을 떠나 강원도 홍천의 보리울로 가고 있는 남궁억이었다. 바로 뒤에는 한 젊은이가 괴나리봇짐을 멘 채 따르고 있었다.

"뭉아, 내 노래 한 곡조 뽑아 볼까나? 들어 보려니?"

남궁억이 묻자 젊은이는 대답 대신 싱긋 웃을 뿐이었다.

그는 목청을 뽑았다.

먼 산 석양 넘어가고 찬이슬 올 때
구름 사이 호젓한 길 짝을 잃고 멀리 가
짙푸른 하늘에 높이 한 소리 처량타
저 포수의 뭇 총대는 너를 둘러 겨냥해

이 산 저 산 네 집 어디 그 정처 없나
명사십리 강변인가 청초 우거진 호수인가
너 종일 훨훨 애써서 찾되
내 눈앞에 태산준령 희미한 길 만리라……

남궁억은 노래를 마치고 먼 산을 바라보며 중얼거렸다.

"지금은 봄날인데도 내 마음은 늦가을인 양 스산하기만 하구나."

노랫가락 속의 기러기처럼 두메산골 보리울로 떠날 때 그의 심정은 이러했던 것이다. 짝을 잃은 채 포수들의 총을 피해 갈 곳도 없는데 앞에는 태산준령이 가로막고 있으니 오죽하랴. 목적지인 보리울도 조상의 선영이 있다곤 하지만 지금은 아무 아는 사람도 없었으니 '희미한 길'을 찾아가는 기러기 꼴이었다.

남궁억이 선향인 보리울(강원도 홍천군 서면 모곡리)로 떠나게 된 건 친구들과 동지들의 권유에 의해서였다. 일본의 압제가 갈수록 모질게 판을 치는 경성을 벗어나 심신을 추스르고 건강을 회복해야만 했다. 그 자신도 그렇게 생각했지만, 막상 떠나려니 왠지 마음이 쓸쓸하고 무거웠다.

"어르신, 여기서 좀 쉬었다가 가시지요? 많이 힘드실 텐데요."

뭉이라는 젊은이가 하늘 한가운데 높이 뜬 태양을 바라보곤 말했다. 이른 아침에 출발해 지금까지 계속 왔으니 꽤 많이 걸은 셈이었다.

"그래, 그러자꾸나. 네가 많이 힘들겠다."

남궁억은 길가의 바윗돌 위에 걸터앉았다. 젊은이가 봇짐을 풀어 찹쌀떡과 물통을 꺼내 놓았다.

두 사람은 별 말없이 요기를 했다. 이름 모를 풀꽃의 향기가 바람에 실려 와 그들의 코끝을 간질였다. 해맑은 새소리가 귀를 씻어 주었다.

남궁억은 물을 한 모금 마시곤 그 무궁화가 수 놓인 손수건으로 입가를 닦았다.

"더 드시지요, 어르신."

"난 되었다. 너나 많이 먹거라."

젊은이는 마디가 굵은 손으로 떡을 집어 입에 넣었다. 뭉이라는 그 젊은이는 원래 남궁 집안 하인의 자식이었다. 남궁억의 아버지가 살아 계실 때 부리던 여종이 있었다. 그 후 그 여종은 가난한 남궁 집안을 떠나 이웃집에 가서 일을 해주며 살다가 남궁억이 장성하여 관직에 있을 때 다시 남궁 집안으로 돌아와 일을 했다. 그때 그 여종에게는 남편과의 사이에 딸이 하나 있었다.

그 후에 남궁억이 하인 부부를 해방시켜 주었으나 그들은 옛정을 못 잊어서 그냥 남아 살았다. 그 딸이 자라 한 남자를 만나서는 뭉이를 낳았으니, 뭉이는 곧 늙은 여종의 외손자인 셈이었다.

남궁억은 뭉이가 스무 살이 되자 돈을 좀 보태 주며 나가서 자유롭게 뜻을 펴며 살라고 권했다. 하지만 뭉이는 그러지 않고 계속 남궁억 옆에 붙어 있겠다고 말했다.

"뭉아, 네 뜻이 정 그렇다면 말리지는 않겠다. 하지만 이제부터 너는 완전한 자유인이니 나를 주인 나리라고 불러서는 안 된다. 우리는 서로 똑같은 사람으로서 대해야 한다."

남궁억은 그렇게 일렀다. 그러나 뭉이는 오래된 습관을 버리지 못하고 계속 주인 나리로 불렀고, 그럴때 마다 뭉이는 혼나기 일쑤였다.

"내 말이 그냥 빈말로 해본 소리 같았느냐? 나는 하인을 두지 않을 테니 당장 떠나거라!"

"잘 알겠습니다. 제 생각이 모자랐습니다. 앞으로 가까이에서 어르신으로 모시면서 좋은 가르침을 받고 싶습니다."

그렇게 해서 남궁억과 뭉이는 일종의 스승과 제자와 같은 관계로 새로워졌다. 뭉이는 머리는 썩 총명한 편이 아니었으나 힘은 장골이었으며 마음은 순박하고 우직했다. 스승은 제자의 특성을 파악한 후 마음을 잘 계발하여 지혜를 깨우치도록 가르치고 있었다.

길가에 핀 꽃을 바라보던 뭉이가 물었다.

"어르신, 산상수훈에 나오는 백합화 이야기 있잖습니까. 좀 궁금한 점이 있어서요."

"어떤 것이?"

"마침 꽃도 피어 있고 저기 새도 날아가니, 우선 제가 한번 그 구절을 암송해 보겠습니다."

"거 좋지."

"공중의 새를 보라. 심지도 않고 거두지도 않고 창고에 모아들이지도 아니하되 너희 하늘 아버지께서 기르시나니, 너희는 이것들보다 귀하지 아니하냐.

너희 중에 누가 염려함으로 그 키를 한 자라도 더할 수 있겠느냐.

또 너희가 어찌 의복을 위하여 염려하느냐. 들의 백합화가 어떻게 자라는가 생각하여 보라. 수고도 아니하고 길쌈도 아니하느니라.

그러나 내가 너희에게 말하노니, 솔로몬의 모든 영광으로도 입은 것이 이 꽃 하나만 같지 못하였느니라.

오늘 있다가 내일 아궁이에 던져지는 들풀도 하나님이 이렇게 입히시거든, 하물며 너희일까보냐.

 그러므로 내가 너희에게 이르노니, 목숨을 위하여 무엇을 먹을까 무엇을 마실까 무엇을 입을까 걱정하지 말라. 목숨이 음식보다 더 중하며 몸이 의복보다 중하지 아니하냐.

 너희 하늘 아버지께서 이 모든 것이 너희에게 있어야 할 줄을 아시느니라.

 내일 일을 위하여 염려하지 말라. 내일 일은 내일에 염려할 것이요, 한 날의 괴로움은 그 날로 족하니라."

 뭉이는 낭독을 마쳤다. 남궁억이 물었다.

"그래, 무엇이 궁금한고?"

"자연 속의 새나 꽃을 보면 예수님 말씀대로 걱정하지 않아도 됨을 알겠습니다. 저도 그렇게 살고 싶습니다. 사실 저는 어르신 덕분으로 아무 걱정 없이 살고 있지요. 그러나 인간 세상에서는 그렇지 않은가 봅니다. 새나 꽃도 인간에게 목이 잘리고 짓밟힙니다. 인간도 마구 짓밟힙니다! 일본놈들은 조선 사람을 인간 취급도 하지 않잖습니까? 지금 많은 사람이 굶주리고 헐벗은 채 떨고 있습니다. 그런데 어찌 내일을 걱정하지 않을 수가 있을까요?"

 뭉이는 제풀에 흥분되어 숨을 씩씩 몰아쉬었다.

 남궁억은 길가에 핀 꽃과 나무 위에서 지저귀는 새를 한참 동안 묵묵히 쳐다보고 있다가 입을 열었다.

"그건 우리의 귀중한 정신을 한갓 재물을 모으거나 하찮은 욕심을 채우는 데다 쓰지 말고 참답게 열심히 사는 게 옳다는 뜻이 아닐까? 저 새는 지금 헛된 욕심이나 걱정 없이 얼마나 열심히 살고 있을까. 그리고 저 꽃은 가만히 있는 것 같아도 자신의 씨앗을 틔워 아름다운 꽃을 피우려고 얼마나 혼신의 힘을 다하고 있을까 생각하게 되는구나."

남궁억은 잠시 말을 멈추었다가 이었다.

"물론 현재 일본의 압제 앞에서 누구도 걱정 없이 살 수는 없을게다. 우리가 열심히 일해 모아 놓아도 일본놈들이 다 빼앗가 가 버리니까 말야. 그런데 여기서 예수님의 말뜻은, 걱정만 하고 앉았기보다는 지금 이 순간 가장 필요한 일을 정해 온 심혈을 다 기울여 열심히 하라는 것이 아닐까? 근심 걱정은 어떤 해결책을 제시해 주기보다는 우리의 정신과 마음을 좀먹고 오히려 황폐하게 만들어 버리지 않더냐. 그러니 맑은 정신으로 자기가 할 수 있는 일을 찾아 온 힘을 다하라, 나는 그렇게 생각한단다. 그리고 예수님이 도와주시기만 기다리며 가만히 앉아 노닥거리라는 말씀이 아니라는 사실을 명심해야겠지. 저 꽃이나 새, 이 조그마한 개미도 예수님께 의타하는 게 아니라 일단은 제힘으로 부지런히 살고 있지 않더냐? 어디까지나 자주독립의 정신이 중요하지, 의타적으로 살아서는 예수님도 아마 싫어하실게다. 하늘도 스스로 돕는다는 말도 있지 않더냐, 웅이야."

"잘 알겠습니다. 명심하고 살겠습니다."

"일본이 지금은 위세를 떨치며 발악을 하고 있으나 얼마 후면 꼭 망할 것이다. 겉으로는 강해 보여도 그건 총칼의 무력에 의한 것이지 내면의 진실한 힘이 아니거든. 저 백합화와는 전혀 반대되는 모습이다. 일본 제국의 속내에는 악이 가득 들어차 있어. 잔인하고 변태적이며 추악한 욕심이 지나쳐 곪아 썩어 들어가고 있단 말야. 그러니 저렇게 날뛰어도 망할 때는 아주 처절하게 단숨에 망하고 말 것이야. 우리는 이 어려운 현실에 굴복하지 말고, 저 백합화처럼 우리 정신으로 우리의 참다운 꿈을 꽃피워 나아가야만 한단다."

남궁억은 엄숙한 어조로 말했다.

"네."

뭉이는 깊은 감명을 받은 눈빛이었다.

"자, 이제 쉴 만큼 쉬었으니 또 부지런히 가 보세."

"네."

두 사람은 자리를 털고 일어나 발길을 옮겼다. 한동안 가다가 들길을 벗어나 산을 하나 넘고는 그 기슭의 좁은 오솔길을 따라 걸었다. 저 멀리 맞은편에 홍천강이 푸른 리본처럼 굽이굽이 흐르고 있었다. 강기슭에 노란 개나리가 무리지어 피어 한 폭의 수채화를 이루었고 버들강아지는 꽃샘바람을 이기고 움터 부드러운 털을 흔들었다.

가까운 산에서 뻐꾸기가 산정山情을 머금은 목청으로 뻐꾹 뻐꾹 울었다. 더 깊은 산 속 어디쯤에서는 이따금 두견새가 가슴속의 한 서린 피를 토해내는 듯이 서럽디서럽게 울어댔다.

그들은 한 지점에서 길을 꺾어 고갯길을 올라갔다. 거기서부터는 첩첩산중이었다. 한 구비를 돌아 오르고 보면 또 산이 막아섰다. 여느 지역의 산과 달리 강원도의 산은 나무숲이 울창했다. 아래쪽을 내려다보면 그들이 걸어 올라온 가파른 길이 흐릿하게 보일 뿐 초록빛 숲만 울울한 채 바람에 쓸려 수런거렸다.

높은 산길 앞에서 뭉이가 걱정스레 물었다.

"어르신 올라가실 수 있겠습니까? 저에게 좀 업히십시오."

"아니다. 한 발짝 두 발짝 걷다 보면 결국 넘어가게 되겠지. 인생이 어차피 그런 것인걸."

남궁억은 단호하게 말하고 앞서 걸어 올랐다. 사실 남궁억이 걸어서 보리울로 간다고 했을 때 가족과 친구들은 모두 말렸다. 성치도 않은 노인의 몸으로는 어림없다며 걱정했다. 이번만은 수레나 가마 능 탈것을 이용해야 한다고 간곡히 권했다.

그러나 남궁억은 웃으며 말했다.

"스스로 걸을 수 있을 때 걸어야 몸에 좋으니 염려들 마소. 일부러 시간을 내서 산을 오르는 사람도 많은데 왜 이런 기회를 놓치겠소."

사람들은 유명한 남궁고집에 두 손을 들고 말았다. 그리하여 가족은 필요한 준비를 좀 더 해서 나중에 수레를 타고 오기로 했다.

굽이굽이 이어진 고갯길을 돌아 오르던 남궁억이 한마디 했다.

"오르막길 같은 힘든 길을 오를 때는 정신집중이 필요하거든. 지난날의 어떤 좋았던 일이나 절실했던 일들을 생각하다 보면 힘들 줄도 모르고 저절로 올라가게 된단 말야."

그러고는 스스로 깊은 생각에 빠져들었다.

사실 남궁억에게 강원도의 산천은 처음이 아니었다. 꼭 먼 조상들이 살다가 산소에 묻혀 잠들어 있는 곳이라서 그런 건 아니었다.

남궁억은 1906년 봄에 강원도 양양군수로 부임하여 1년 8개월간 재임했었다. 그는 부임한 얼마 후에 근대식 학교인 현산학교를 설립했다. 미래에 독립운동의 주인공이 될 어린이와 청소년을 교육하기 위해서였다. 현산학교는 양양 지역의 유지들로 위원회를 조직하여 기부금을 모으고 문중의 재산을 합친 4천 환을 들여 동헌 뒷산에 세웠다.

남궁억은 양양 지역의 유지들과 군민들이 모인 자리에서 애국충정이 담긴 시조를 지어 읊으면서 자신의 마음을 가다듬고 결의를 표현하였다.

설악산 돌을 날라 독립 기초 다져놓고
청초호靑草湖 자유수를 영 너머로 실어 넘겨
민주의 자유강산 이뤄 놓고 보리라.

현산학교를 설립하는 것은 쉬운 일이 아니었다. 지역 유림의 일부는 근대식 학교에 대한 거부감을 가지고 있었다. 특히 양양에서 관직을 지낸 정현동의 반대에 부딪혔다.

"당신 같은 고리타분한 사람이 많아서 우리나라가 이 꼴이 된 줄 모르겠소? 고리타분한 악몽에서 깨어나도록 볼기라도 치고 싶구려!"

남궁억은 정현동을 위협도 하고 달래기도 하여 결국 동의를 얻어 냈다.

그는 현산학교에 온 열정을 쏟았다. 근대적인 학교에 입학하지 않으려는 지역 주민의 가정을 방문하여 학생을 모집했으며, 나중엔 각 가정에서 한 명씩의 자제를 의무적으로 학교에 보내도록 하였다. 이러한 노력으로 현산학교 개교식에는 2백 명의 학생이 모였다.

현산학교에서는 공책과 연필을 무료로 공급했고, 교과서를 깨끗이 사용한 학생에게는 상을 주어 다음 학년이 쓸 수 있도록 했다.

또한 나무 심기 운동을 벌였다. 관내의 산야를 돌아보던 그는 강선면 일대에서 30리에 이르는 황무지를 발견하고는 군민들을 동원해 소나무를 심도록 했다. 어디를 가거나 빈 땅을 보면 푸른 소나무나 참나무 등을 심어 금수강산을 이루려고 노력했다.

남궁억은 양양군수를 사임한 후엔 관동학회를 창립하고 회장이 되어 강원도의 교육을 진흥시키려 애썼다. 관동학회는 강릉, 원주, 철원 등지에 7개의 지회를 설립하여 강원도민의 교육과 계몽에 힘썼는데, 특히 강릉지회와 원주지회에서는 직접 사립학교를 설치하여 운영하는 등 교육활동을 적극 전개했다.

관동학회의 재정은 민간인의 의연금으로 운영했다. 독립운동에 뜻을 둔 많은 지역 유지들의 의연금과 출자금이 학회의 운영에 도움을 주었다.

"돈이란 똥과 비슷해서 쌓이면 악취를 풍기지만 뿌려지면 땅을 기름지게 만든다."

　남궁억의 이 말은 빈말이 아니라 그의 진실한 철학이었다.

　남궁억은 부지런히 걸었다.
　산새들만 울어 예는 심심산골을 지나 평지로 나섰을 때는 이미 서산마루에 노을이 지고 있었다. 여기저기 비탈진 밭뙈기에는 푸른 보리가 무성히 자라고 있었다.
　두 나그네는 휘적휘적 걸어 내려가 길가의 허름한 주막으로 들어섰다. 마루에 걸터앉아 숨을 돌리고 있으니 허리가 잔뜩 꼬부라진 노파가 방문을 열고 나왔다.
　"낯선 길손들이시구마. 어디루 가시능가여?"
　"보리울로 들어갑니다."
　"응, 보리울. 저 길루 쬠만 더 가문 나와여."
　"네, 그렇군요. 여기 국밥하구 막걸리 한 주전자 주세요."
　"그란디 워디서 오시는강?"
　"경성에서 옵니다."
　"아 그렇구만이. 나도 옛날 옛적에 거길 한번 가봤는디 별별 사람이 다 살더만. 쬠만 기달리우."
　먼저 내온 막걸리로 두 길손은 타는 목을 축였다. 할머니는 냉이와 달래 무침을 내왔는데 보기보다 맛이 좋은지 뭉이가 감탄을 했다. 국밥까지 비우고 나서 두 사람은 다시 길로 나섰다.

보리울 마을에 들어섰을 때는 이미 어둠이 내리고 있었다. 첩첩 산에 둘러싸인 가난한 마을의 초가집 창문으로 불빛이 드문드문 새어 나왔다. 멀리서 개 짖는 소리가 들려왔다.

지난번에 남궁억의 조카뻘인 남궁현을 따라 미리 한번 와 보았던 뭉이가 앞서서 어떤 집 안으로 들어갔다. 황토 흙으로 담을 쌓고 볏짚으로 지붕을 이은 아담한 집이었다. 기둥이나 창호지를 새로 바른 문은 모두 나무로 되어 있었다.

조카의 활약으로 방이며 부엌 등은 말끔하게 정리가 되어 있었다. 하지만 집안에 따스한 기운은 없었고 썰렁했다. 봄이라곤 해도 깊은 산골이라 그런지 밤엔 아직 추웠다.

뭉이기 아궁이에 장삭불을 피웠다. 어둠 속에서 불꽃이 활활 타올랐다. 남궁억은 그것을 한참 바라보았다. 새로운 곳 새로운 집에서 시작될 새로운 삶이 비로소 실감이 된다는 듯한 표정이었다.

우물물을 길어 세수를 한 후에 남궁억은 방안으로 들어갔다. 아랫목으로부터 따뜻한 온기가 피어오르고 있었다. 남궁억은 꿇어앉아 두 손을 모으고 조용히 기도를 드렸다. 긴 침묵의 기도였다.

풀숲에서 풀벌레가 찌르르 찌르르 울었다.

제11장

유리봉에 새긴 꿈

눈을 떴을 때는 창문에 희붐한 새벽빛이 어려 있었다. 사방은 고요했다.

남궁억은 그 빛을 바라보며 잠시 명상에 잠겨 있다가 자리에서 일어났다. 그가 베고 잔 베갯모에는 활짝 핀 무궁화 문양이 장식되어 있었다. 부인이 손수 만든 것이었다. 그는 창문을 열어 환기를 하고 이불을 갠 뒤 싸리비로 방바닥을 쓸어냈다. 그러고는 밖으로 나갔다.

남궁억이 보리울에 온 지도 벌써 보름이나 지나 봄빛이 완연했다. 집안의 울 밑 여기저기에 살구꽃, 민들레, 개나리, 채송화 외에도 여러 가지 이름 모를 봄꽃들이 만발해 향기를 풍겼다. 얼마 전에 씨를 뿌려 놓은 무궁화는 파란 새싹을 내어 하루하루 자라나고 있었다.

남궁억은 먼저 우물물을 퍼올려 꽃들에게 정성 들여 뿌려 주었다. 무궁화 새싹 앞에서는 마치 자식이나 손자라도 되는 양 정답게 속삭였다.

"얘야, 부디 무럭무럭 자라거라. 앞으로 이 땅을 무궁화 강산으로 만들어 보자꾸나."

그는 세수를 하고 나서 웃통을 벗고 물에 수건을 적셔 냉수마찰을 하기 시작했다. 등과 가슴팍이 불그스름하게 물들어 갔다. 이런 모든 일은 그가 이곳에 온 후로 매일 빠짐없이 하는 일과였다.

그는 옷을 단정히 입은 후 대문을 나섰다. 푸르스름한 새벽길은 고요했다. 집 옆의 대밭에서 잠을 깬 참새들이 짹짹거렸다.

보리밭 언덕을 지나 쭉 가니 유리봉으로 통하는 오솔길이 나왔다. 풀잎에 맺힌 이슬을 털며 그는 산으로 올라갔다. 맑은 공기와 규칙적인 생활 덕분에 그동안 건강이 많이 회복되어 그는 별로 힘들어하지 않았다.

유리봉 꼭대기에 올라선 남궁억은 서서히 떠오르는 해를 바라보며 두 팔을 쭉 펴 심호흡을 했다. 푸른 소나무가 늘어선 한쪽에 둥근 바위 하나가 우뚝 서 있었다. 그 위쪽은 좀 평평했다. 남궁억은 그 위에 단정히 꿇어앉아 해를 향한 채 두 손을 모으고 기도를 올리기 시작했다.

"하나님이시여, 저에게 단 하나의 소원이 있사옵니다. 우리나라가 일본의 압제에서 벗어나 모든 백성이 저마다 제 뜻을 펼치며 행복하게 사는 것이옵니다. 이 한 몸바쳐 불사르겠으니 부디 우리나라의 독립을 주시옵소서……."

그는 간절한 마음으로 기도했다. 어느새 해가 저쪽 먼 산마루 위에 밝은 빛을 뿌리며 떠오르고 있었다. 일어서는 그의 눈시울이 촉촉이 젖어 보였다. 그는 매일 새벽이면 유리봉에 올라 기도하며 자기가 앞으로 해야 할 일을 구상했다.

마침내 남궁억은 자신의 긴 구상을 실천으로 옮기기 시작했다.

그것은 보리울 마을에 학교를 지어 새 나라의 일꾼을 길러내는 일이었다. 궁벽한 보리울에는 학교도 없고 교회도 없었다. 기독교인은 면 단위에 한 명 정도밖에 없었다.

처음에는 자신의 집 사랑방에 아이들을 모아 가르쳤다. 우리나라의 역사 속에 등장하는 위인들의 이야기를 들려주고, 성경 구절을 함께 읽었다.

사랑은 오래 참고 온유하며 시기하지 아니하며
자랑하지 아니하며 교만하지 아니하고
무례히 행하지 아니하며 자기의 유익을 구하지 아니하고
성내지 아니하며 악한 것을 생각하지 아니하며
불의를 기뻐하지 아니하며 진리와 함께 기뻐하고

모든 것을 참으며 모든 것을 믿으며
모든 것을 바라며 모든 것을 견디느니라
그런즉 믿음, 소망, 사랑 이 세 가지는 항상 있을 것인데
그 중의 제일은 사랑이라…….

어린 제자들 중엔 외손녀인 장재옥도 있었다. 열 살쯤 된 그 소녀는 남궁억의 큰딸인 숙경의 자식이었다. 얼마 후 드디어 남궁억은 자신의 사재 3천 환을 들여서 대지를 사들여 열 칸짜리 한옥 예배당을 지었다. 그리고 예배당 건물에 모곡학교를 열었다.

모곡학교에는 인근의 어린이와 청소년들뿐만 아니라 전국 각지에서 한서 남궁억의 명성을 들은 청년들이 입학해 왔다.

모여든 학생들 가운데는 머리를 땋아 갑사댕기를 멋지게 궁둥이까지 축 늘어뜨린 총각이 있는가 하면, 상투에 초립을 쓴 어린 신랑도 있었고, 통량갓을 번뜻이 쓴 나이가 35세나 되는 중년의 학생도 있었으며, 하이칼라 머리에 어색한 양복을 입은 서울에서 내려온 학생도 있었다. 아직 남녀유별의 관념이 남아 있던 때라서인지 마을의 처녀들은 나오지 못하고, 어떤 쪽진 부인 하나가 있을 뿐이었다.

개학식에서 남궁억 교장 선생님은 열띤 목소리로 연설을 했다.

"세상은 급속하게 변하고 있습니다. 원래 모든 사물은 변화하는 것이며, 변하지 않는 것은 아무것도 없습니다. 우리도 변화하되 어디까지나 좋은 방향으로 변화해야 합니다. 만약 서양의 나쁜 점을

따라하다가 우리의 미풍양속까지 천대하고 버린다면 결코 옳지 않습니다.

우리는 좋은 점을 배워 좋은 방향으로 변화하고 발전하기 위하여 공부하는 것입니다. 제아무리 천재나 수재라 하더라도 배워서 옳게 깨우치지 못한다면 악당이 될 수도 있습니다. 우물 안의 왕개구리도 제 잘났다고 으스대면서 변화하는 바깥 세상의 문화를 배우지 않는다면 나중에 똥파리에게마저 비웃음을 당할 것입니다. 파리는 윙윙 날아다니면서 많은 것을 보고 나름대로 배우기 때문입니다. 그러나 우리는 파리처럼 남에게 욕을 얻어먹는 존재가 되지는 맙시다."

누군가 "네!" 하고 큰 소리로 대답을 했다. 그러자 여기저기서 웃음소리와 함께 "네! 네!" 하고 호응하는 소리가 났다. 남궁 교장은 잠시 말을 멈추었다가 계속했다.

"저는 다음 사항을 강조합니다. 배워서 아는 것만으로는 안 된다! 알게 되었으면 실천을 해야만 한다! 알고 있는 것을 실천하지 않고 게으르게 입만 나불나불대서는 왈왈 짖는 개와 별다를 게 없습니다. 실천을 해야만 여러분이 이 민족과 온 인류에게 이로운 것을 창조하여 실제로 도움을 주게 될 터입니다.

오늘날처럼 어려운 시대일수록 서로 간에 사랑이 필요합니다. 내 한 몸 가누기도 힘겨운 세상이지만, 그럴수록 사랑으로 한마음 한뜻이 되어야겠지요. 흙에서 막 솟아난 새싹조차도 자신의 주변을 향해 수줍은 듯 사랑의 느낌을 표현하지 않습니까? 진딧물도 오고 개미도 기어오릅니다. 새싹은 괴로울 수도 있을 텐데 찡그리지 않고 그들에게 자신의 수액을 나눠주지요. 그러면서 척박한 땅에서 고개를 들어 푸르른 하늘을 쳐다봅니다. 하루하루 새싹은 자라나 큰 나무가 되어 갑니다. 천둥이 치고 비바람이 불어 잎과 가지를 꺾어도 나무는 울지 않고 자라서 모든 생명에 산소와 수액과 시원한 그늘을 만들어 줍니다. 한 그루의 나무는 비록 온갖 어려움을 겪을지언정 자신을 올곧게 성장시켜, 우주의 대자연으로부터 받은 생명의 기운을 모두에게 나눠주는 것입니다!"

학생들은 저마다 눈을 초롱초롱하게 빛내며 교장 선생의 열기에 찬 목소리에 귀를 한껏 기울이고 있었다. 꿈과 열정이 가슴에서 가슴으로 전해지는 순간이있다. 곧 학생들 속에서 우렁찬 박수소리가 터져 나왔다. 남궁 교장은 잠시 멈춰 심호흡을 한번 하고 나서 말을 이었다.

"미래의 세상에서는 악과 증오보다는 선과 사랑이 널리 퍼져 세상을 아름답게 만들게 될 것입니다. 이기심, 탐욕, 폭력이 사라지고 모두가 함께 즐기고 사랑하는 세상을 꿈꾸어 봅시다. 성경에도 나오듯 이리와 어린 양이 함께 먹으며, 그들의 새끼가 함께 어울려 놀고, 사자가 소를 부드럽게 쳐다보는 평화의 낙원입니다. 수많은 사람들이 우주적인 진리를 깨우쳐 이웃사랑을 한 걸음씩 실천해 나간다면 그런 미래는 꼭 오리라고 봅니다. 인류의 역사를 살펴보면 때때로 악의 세계로 후퇴할 경우가 있어도 결국엔 그것을 극복하고 차츰차츰 아름다운 선의 세계로 한 걸음씩 다가가고 있음을 알 수가 있습니다. 가장 힘겹고 어려울 때 아름다운 쪽으로 한 발짝이라도 떼어 놓는 그 정신이 중요합니다. 그 한 발짝이 하루, 한 달, 한 해가 지나면 천지 차이를 만드는 것입니다.

학도들이여, 아무쪼록 여러분이 이 학교에서 많은 것을 배우고 익혀 이 민족과 온 인류의 빛이 되길 바랍니다."

흰 수염을 휘날리며 늠름하게 연설한 교장 선생님을 향해 학생들은 우레와 같은 박수를 보냈다. 그 박수소리는 시간을 잊은 듯 이어졌다.

이어서 남궁억 교장이 직접 작사 작곡한 모곡학교의 교가가 학생들의 합창으로 교정에 울려 퍼졌다.

동막산과 강구비 앞뒤 둘렀고
모곡구역 모곡리는 우리 집이라
세상 영화 누릴 자는 우리들이며
그 가운데 뜻 부칠 손 모곡학교라
굳거라 너희 믿음 변하지 마라
마음과 뜻을 거룩하게 실행하여서
죽고 살고 화와 복을 상제께 바쳐
천당 배를 타고 가자 우리 동무야…….

함께 합창을 하는 남궁 교장의 입가에 흐뭇한 미소가 번졌다.

모곡학교는 수업연한 4년에 보통학교 수준 정도의 학과를 가르쳤다. 교과목은 전통적인 것과 근대적인 것을 다양하게 포함하여 국어, 산술, 역사, 영어, 실업, 음악, 체조, 서예 등이었다.

남궁억은 특히 국어와 역사 교육을 중요시했다. 총독부에서 일본어사용을 강요하던 시절이라 《조선어 보충朝鮮語補充》이라는 우리말 교과서를 직접 써서 가르치는 등 민족의식과 역사의식의 고취에 힘을 기울였다. 《조선어 보충》은 재미있는 옛날의 역사 이야기와 독립운동 투사들의 활약상을 모아 놓은 책이었다. 그런데 책의 제목을 이렇게 붙인 까닭은 총독부가 학교에서 조선 역사를 제대로 가르칠 수 없게 통제했기 때문이었다.

남궁억은 교장이자 교사로서 직접 학생들을 가르쳤다. 학생들은 그의 인품과 해박한 지식 그리고 가슴으로부터 우러나오는 교육열을 존경하여 잘 따랐다. 남궁억은 그동안 사회 각 분야에서의 활동을 통해 축적된 경험과 지식을 보리울에서 불태웠다.

그의 목적은 오로지 우리 민족을 앞으로 짊어지고 갈 인재 육성에 있었다. 그래서 암기 위주의 교육을 하기보다는 학생들이 스스로 탐구하여 지식을 넓히고, 단편적인 알음알이보다는 이해심과 포용력을 갖춘 지도적인 인격을 완성하도록 이끌었다.

그는 정규과목 외에 정서교육에 많은 관심을 기울였다. 방과 후 시간을 이용해 독서회를 조직하여 함께 책을 읽었다. 그는 말하곤 했다.

"좋은 책을 읽는 것은 좋은 음식과 같아서 우리 정신의 보약이 됩니다. 인류 역사상 위대한 분들을 우리는 지금 직접 만나 볼 수는 없습니다. 그러나 책을 통해 그들의 삶과 철학을 배움으로써 언제 어디서나 위인들과 함께 할 수 있는 것입니다."

"교장 선생님, 만화는 보면 안 되나요?"

다른 아이들은 키득키득 웃었지만 질문자는 나름 진지한 표정이었다.

"좋은 만화는 좋은 책입니다. 다만 너무 많이 보면 귀중한 시간 낭비이니 안 되겠지요. 사실 일반 책 중에도 나쁜 책이 있으니 잘 골라서 봐야 합니다. 좋은 책과 나쁜 책을 고르는 것도 아주 중요한 능력 중에 하나입니다."

"어떤 책이 나쁜 책인가요?"

눈이 큰 소년이 물었다.

"사람의 정신을 높여 주고 마음을 아름답게 해주는 책은 좋은 책이고, 그 반대로 사람을 저급하고 추악하게 만드는 책은 나쁘다고 해야겠지요. 또한 사람이 스스로의 정신으로 생각하게 만드는 책을 양서라고 할 수 있습니다. 그리하여 마치 병아리가 알을 깨고 나오듯이 더 큰 세상을 깨닫게 되는 거죠. 억지로 어떤 이론을 주입시키거나, 정신을 마취시켜서 세뇌하는 것은 아주 좋지 않습니다. 지금 일본은 자기들이 가장 뛰어난 인종이므로 온 세계를 지배해야 한다고 책과 신문과 방송 등을 통해 세뇌시키고 있습니다. 우리는 그런 거짓된 지식에 속아 넘어가지 않도록 정신을 단련해야만 합니다."

좋은 책을 돌려 읽고 난 후에는 서로 토론을 벌여 남들의 생각을 알게 하고, 독후감 쓰기를 장려하여 사고력을 기르도록 했다. 학기 말마다 학예회를 열어 음악, 시, 연극, 미술 등 예술에 대한 학생들의 재능을 발견하여 키워 주었다. 집안이 가난한 학생들에게는 수업료를 면제하고 공책과 연필 등을 무료로 나눠 주었다.

교사는 남궁억 교장을 포함하여 모두 4명이었는데, 그중에는 그의 첫째 딸인 남궁숙경도 있었다. 숙경은 일찍 결혼했으나 남편과 사별한 뒤 어린 딸을 데리고 보리울로 내려와서 집안 살림을 맡아 하는 한편 아버지를 도와 모곡학교에서 학생들을 지도하고 있었다.

남궁억은 영어와 음악 수업도 자신이 직접 맡아서 했다. 그리고 서예에 조예가 깊어 학생들에게 한글 붓글씨를 가르쳤다. 그런 예능교육은 교육자로서의 남궁억의 섬세함과 낭만적인 감성 그리고 뜨거운 열정과 인간애를 느끼게 하는 것이다.

그는 남이 저술한 교재를 그대로 사용하지 않았다. 지은이의 고지식한 이론을 메마르게 늘어놓은 교재가 많았기 때문이었다. 그래서 남궁억은 이론과 실천이 생활 속에서 항상 조화를 이루도록 탐구하여 스스로 쓴 교재로 학생들을 가르쳤다. 그는 일본의 식민지교육을 배격하고 우리 민족의 전래된 미풍양속을 강조하길 잊지 않았다.

총독부에서 편찬한 음악 교과서를 무미건조한 내용이라고 비판하던 그는 자신이 직접 작사 작곡한 노래를 가르쳤다. 음악 교육을 통하여 한창 자라나는 아이들의 심성을 개발할 뿐만 아니라 독립의식을 형성하는 데에도 많은 영향을 주었다.

실업시간에는 학생들을 이끌고 운동장 옆에 마련해 둔 밭으로 나가 농사짓기를 실습했다. 그리고 마을의 빈터에다 나무를 심어 푸르게 가꾸도록 해 자연스럽게 애향심이 마음속에 스며들도록 했다.

비가 내리는 날이면 실내에서 새끼 꼬기, 가마니 짜기, 짚신 삼는 법을 가르쳤다. 그것들을 홍천장에 내다 팔아 학비에 보탬이 되도록 했다.

언젠가 큰비가 내려 마을 앞의 다리가 무너졌을 때는 "우리 마을은 우리 손으로 지킨다!"라고 구호를 외치며 학생들을 인솔해 가서 새로운 다리를 놓았다. 그것은 바로 공동체 정신과 협동심의 생생한 실천이었다.

체육 시간은 항상 하루 일과의 맨 마지막이었다. 때로는 홍천강에서 수영을 하거나 높은 산에 함께 올라 심신을 단련하고 호연지기를 기를 수 있도록 하기 위해서였다.

"오늘은 체조 연습을 한 뒤 유리봉에 오르도록 하겠습니다."

"야, 해방이다! 나는 자유인이다~!"

아이들은 환호성을 질렀다. 산에 가면 솔바람 소리를 들을 수도 있고, 간혹 토끼나 다람쥐를 잡을 기회도 있기 때문이었다.

"자, 출발!"

남궁억 교장이 외치자 학생들은 줄을 지어 활발하게 움직이기 시작했다. 순식간에 산을 향해 뛰어올랐다. 가장 먼저 산꼭대기에 도착하기 위해서였다. 환갑이 가까운 남궁억도 나이를 잊은 채 마치 '백발의 소년'처럼 뛰었다.

하지만 얼마 못 가 뒤처지고 말았다. 남궁억은 노루처럼 뛰어오르는 아이들을 쳐다보며 껄껄 웃었다. 그러다가 즉석에서 노래를 한 곡조 지어 뽑았다.

금수의 강산에서 우리 자라고
무궁화 화원에서 꽃피려 하는
배달의 어린 동무 노래 부른다
세상의 부러울 것 무엇이나
동녘 하늘 붉은 해 그 빛 찬란코
태극기는 창공에 펄펄 날리고
빛나게 잘 살아라 우리의 조선…….

노랫가락 속에는 남궁억 자신의 깊은 소망이 깃들어 있었다. 교장 선생과 함께 가던 몇몇 아이가 그 노래를 따라 부르자 바람결을 타고 모든 아이들에게 전해져 마침내 유리봉 꼭대기에 오른 아이들까지도 합창을 했다.

아이들의 청아하고 힘찬 합창이 메아리가 되어 산골을 쩡쩡 울렸.
이윽고 유리봉 꼭대기에 오른 남궁억은 심호흡을 하며 숨결을 가다듬고 나서 말했다.

"그렇다. 우리 배달의 어린 동무들이여! 우리가 참되고 힘차게 살아 나가면, 마치 헐은 상처에 새살이 돋아나 아물고 그 후 낡은 딱지가 떨어져 나가듯이, 저 악독한 일본의 압제도 새살을 못 이기고 마침내는 떨어져 나갈 것이다. 참되고 씩씩한 배달의 새싹들이여, 만세!"

남궁억은 감격에 겨워 소리쳤다. 그 메아리가 산골짝 곳곳으로 퍼져 나갔다.

"배달민족 만세! 만만세!"

아이들도 따라 어린 목청을 힘껏 울렸다.

유리봉 정상의 하얀 바위 위에 앉은 산까치 한 마리가 그 모습을 물끄러미 쳐다보고 있었다.

제12장

먼 추억

기미년 새해가 밝은지 얼마 되지 않은 어느 날이었다. 남궁억은 보리울에서 청천벽력 같은 소식을 들었다.

고종 황제가 세상을 떠났다는 소식이었다. 일본 자객이 암살했다는 흉흉한 소문마저 떠돌았다.

남궁억은 깊은 시름에 잠겼다. 한 나라의 황제로서 을사늑약과 경술국치를 당했을뿐더러 명성황후마저 일본 사무라이들의 능욕을 당한 뒤 피살되었는데 이제 황제 자신까지도 비운에 가고 만 것이다.

"오, 가엾은 분!"

남궁억은 비탄에 잠겨 소리쳤다.

그는 오래전부터 고종 황제와 각별한 인연이 있었다. 그는 눈을 지그시 감았다. 비탄에 잠긴 그의 마음속으로 그때의 기억들이 마치 주마등처럼 차례차례 스쳐 지나가는 듯싶었다.

그렇게 앉아 있는데 모곡학교의 학생 몇 명이 사립문을 밀고 들어왔다.

남궁억은 그들을 사랑방으로 들게 했다. 서울과는 멀리 떨어져 있었지만, 학생들도 풍문을 통해 심상찮은 분위기를 느낀 모양이었다.

한 학생이 봉지에 넣어 온 군고구마를 꺼내놓았다. 그걸 하나씩 들곤 까먹고 있을 때 누군가 남궁억을 향해 말했다.

"선생님, 여기 오시기 전에는 무슨 일을 하셨어요? 관리이셨다던데 고종임금님도 뵌 적 있으세요?"

그러자 다른 아이들도 턱밑으로 다가앉았다.

남궁억은 한동안 수염을 쓰다듬으며 생각에 잠겨 있더니 이윽고 입을 열었다.

"음, 그러니까…… 동문학이란 영어학교를 졸업하고 총해관에서 근무하던 나는 1886년에 궁내부의 주사로 발탁되어 고종 황제의 영어통역을 담당하게 되었지. 점차 외국과의 교류가 활발해지자 통역관이 꼭 필요했던 것이지요. 황제 폐하의 측근에서 통역을 담당함으로써 국제적인 안목을 키우며 정세를 살필 수가 있었어요.

한글과 한문과 영어를 모두 접할 수 있었던 나는 황제의 뜻을 가장 정확하게 외국 사신에게 전하려 노력했어요. 그저 형식적으로만 듣기 좋게 통역하지 않고, 외국어의 장단점을 잘 파악한 후에 우리 말글의 쓰임새에 알맞게 풀이했지. 그래서 그런지 고종 임금님과 외국 사신 쌍방이 모두 뜻이 잘 통해 좋아했어요. 나는 우리 한글의 과학적인 우수성과 우리의 말글에 담긴 민족의 얼을 늘 잊지 않았지. 곱고 아름다운 말은 노트에 적어두기도 하고……."

아이들은 고개를 끄덕거렸다. 선생의 한글 사랑을 그들은 잘 알고 있었다. 학생들은 선생의 다음 말을 기다렸다.

"1887년에는 유럽 순방단의 통역관으로 내가 임명되었지. 그런데 청나라의 간섭과 국내 정치가 시끄러워서 다시 돌아오게 되었지요. 홍콩에서 2년간 체류하다가 귀국하고 말았어요. 참 아쉬운 일이지……. 유럽을 견문할 기회를 잃었으나, 영국의 식민지인 홍콩에 2년간 체류하면서 많은 것을 배웠지. 홍콩은 제국주의의 선봉장인 영국이 중국을 식민지로 만들려고 먼저 집어삼킨 도시였어요. 그런 홍콩에는 서구의 선진문물과 아시아 식민지의 참상이 혼재돼 있었지요.

홍콩에서 귀국한 다음이니까, 1889년 정도겠군요. 나는 궁내부의 별군직에 임명되었어요. 황송하게도 고종 임금님의 신임을 얻었던 것이죠. 별군직은 황제의 호위대였으나 실제로 내가 맡은 일은 통역과 번역이었어요.

그런 어느 날 고종 임금이 친히 나를 부르더니 말씀하시는 거예요.

'탐관오리들이 들끓는 이 시국에 그대처럼 청렴한 자세로 나랏일에 임하는 선비가 있으니 참으로 든든하도다. 그대는 홀어머니를 모시고 오막살이에 살면서도 오로지 청빈하게 짐과 나라를 위해 몸을

아끼지 않으니 참으로 가상토다. 내 집을 한 채 내릴 터이니 사양 말고 받도록 하라.'

임금님은 종로통 팔판동에 자리한 큰 기와집을 하사했어요. 사실 집보다는 어머님의 기뻐하는 모습을 보는 게 내겐 더 큰 기쁨이었지요."

"와! 나도 임금님께 상을 받고 싶어라."

한 아이가 말했다. 다른 아이들도 감탄 어린 눈으로 남궁억을 쳐다보았다.

"여러분이 훌륭히 자라서 힘겹게 살아가는 백성과 온 인류를 위해 힘껏 일한다면 모두들 더 보람된 상을 받을 수 있을 거예요."

남궁억은 아이들의 머리를 쓰다듬어 주며 말했다.

"선생님, 이야길 계속해 주세요."

남궁억은 목청을 한번 가다듬고 나서 말을 이었다.

"4년 후에 다시 어명을 받고 경상도 칠곡부사로 부임했어요. 그 당시는 탐관오리들이 각처에 들끓으며 백성의 재물을 제 맘대로 약탈하며 못살게 굴고 있었지요. 칠곡은 유난히 관리들의 횡포가 심했어요. 나는 고종 황제의 특별한 분부를 받았기에 어깨가 아주 무거웠지요.

나는 삶의 고통에 신음하는 백성을 생각하며 마음을 굳게 먹었어요. 그리고 탐관오리들을 모조리 잡아들여 파직한 뒤 그들의 창고에 쌓여 있던 산더미 같은 재물을 풀어 모두 사람들에게 돌려주었지요.

힘없는 사람들은 마치 구세주라도 만난 듯이 환호성을 지르더군요."

바깥에서는 바람이 불자 댓잎이 휩쓸리며 쏴아쏴아 하는 소리를 내었고 놀란 참새들이 짹짹거렸다.

"그리고 나서 얼마후에 동학혁명이 일어났어요. 혁명군들은 온 나라 각지에 둥지를 틀고 앉은 탐관오리들을 징벌하고 신음하는 사람들을 구하기 위해 고을의 관아를 습격하곤 했지요. 동학혁명군은 낡고 병든 나라를 뒤집어엎고 새롭고 밝은 나라를 건설하고자 했으니, 그건 백성의 입장에서 보면 박수를 보낼 일이었으나, 조정의 눈으로 보면 왕권에 반역하는 노릇이었어요."

남궁억은 잠시 말을 끊었다가 계속해 나갔다.

"고민이 무척 많이 되더군요. 하지만 나는 한 고을을 책임진 관리로서 동학군과 맞서지 않을 수 없었답니다. 나는 일단 군사를 이끌고 나가 혁명군 30여 명을 사로잡아 관아로 돌아왔어요. 그런데 면밀히 조사를 해보니 진짜 동학혁명군은 몇 명 되지 않고 대부분은 순박한 농민들이었어요. 그래서 잘 타일러서 돌려보내 주었지요. 나는 동학군과 싸우면서 풀뿌리 민중의 고난과 숨겨진 힘을 알게 되었답니다."

사실상 남궁억은 언제 어디서든 백성들을 가장 먼저 생각하는 정직한 관리였다. 이런 사실을 잘 아는 고을 백성들은 그의 공덕을 칭송했으며, 입소문은 순식간에 이웃 고을까지 퍼져나가 그 후로는 오히려 동학군의 보호를 받는 입장이 되기도 했다.

"한번은 초소를 순시하다 보니 보초가 자리에 없었어요. 포졸을 시켜 알아보게 했더니, 마을의 어떤 노인이었는데 집에서 자고 있다고 하더군. 나도 잘 아는 노인이었어요. 얼마 후 그 노인을 불러 나는 술을 한잔 대접하면서 말했답니다.

'위급한 시기에 보초가 자리를 비우면 어떡하오?'

'너무 피곤해서 그랬으니 용서하소서.'

'여봐라, 이분의 볼기를 세 대 쳐라!'

나는 명령을 내렸어요. 어리둥절한 채로 볼기를 맞은 노인에게 잠시 후 한 마디 했지요.

'술은 내가 노인장에 대한 예의로서 대접한 것이고, 볼기는 임무를 소홀히 한 데 대한 벌이니 너무 섭섭하게 여기지 마시오.'

'아이구, 섭섭하다니요. 앞으로는 이런 불찰이 없도록 하겠습니다.'

노인은 울먹울먹하는 목소리로 말하더군요.

전국 각지에서 동학군이 들고 일어나자 고종 황제는 나를 순무사巡撫使로 임명해 파견했답니다. 나는 어명을 받들고 임지로 가면서도 서울에 계시는 어머니가 걱정되어, 잠시 선향인 보리울로 가 계시라는 글월을 써서 보내었지요.

얼마 후 편지를 전하러 갔던 부하가 돌아와서 아뢰더군요.

'민망하지만, 마님의 말씀을 그대로 전해도 되겠습니까?'

'물론이다.'

'마님께서는 이렇게 말씀하시더군요. 내가 가길 어디로 가느냐?

나만 살겠다고 도망이라도 치란 말이더냐? 가서 아들에게 전하시오. 그런 옹졸한 생각을 하는 순무사나 어서 관직을 반납하고 죽으라더라고.'

'그 밖에 다른 말씀은?'

'네, 이런 말씀을 하시더군요. 광야를 달리는 말은 결코 마구간을 돌아보지 않는 법이다. 남아 대장부가 나랏일을 위해 장도에 올랐으면 설령 집에 불이 났다 하더라도 고개를 돌려서는 아니 된다고요. 이상입니다.'

엄격한 어머니의 말씀을 가슴에 새긴 나는 눈물을 머금고 묵묵히 말 위에 올라 길을 떠났답니다."

남궁억은 지난 일을 회상하듯 눈을 지그시 감았다. 요란스런 참새 소리에 눈을 뜬 그는 다시 이야기를 이어 나갔다.

"전국 방방곡곡을 돌아다니며 성난 백성들을 진정시키기란 쉬운 일이 아니었지요. 특히 충청도에서의 활동은 참으로 위험했어요. 관찰사마저 살해되는 험악한 상황이라 목숨을 걸고 뛰어들어야만 했지요.

고민 끝에 나는 의병대장 유인석을 만나기로 했어요. 전갈을 보낸 얼마 후 나는 홀몸으로 동학군의 군영으로 들어갔답니다. 간단한 예를 갖추자 유인석이 자리를 권했어요.

잠시 후 유인석은 얼굴에 서릿발 같은 강직함을 보이며 말했답니다.

'여기 온 이유가 나를 설득하는 것이라면 그냥 돌아가는 게 옳을

것이오.'

 나는 침착하게 말했지요.

 '나라를 바로잡으려는 선생의 충정은 백번 이해하고도 남습니다. 이런 때일수록 백성의 힘을 하나로 모아야 한다고 생각합니다.'

 '어떻게 백성의 힘을 하나로 모은단 말이오?'

 '지금 필요한 일은 우리끼리 싸우는 게 아니라 일본과 싸우는 것이라 생각됩니다.'

 '우리가 힘을 모아 일본놈과 싸워야 한다는 데 반대할 생각은 조금도 없소. 하지만 지금 나라가 돌아가는 꼴을 보면 그럴 수가 없지 않소?'

 '오늘날 동학군이 일어나게 된 원인이 탐관오리들의 부정부패에 있다는 점은 저도 잘 압니다. 저 또한 의병에 참가한 백성들과 많은 얘기를 나눠 보고 깊이 느낀 바 있습니다. 그것은 분명히 고쳐져야 할 것입니다. 하지만 지금은 더 급한 일이 있지 않습니까? 저도 사실 많은 고민을 하다가 이리로 찾아오게 되었습니다. 만약 나라가 외세에 의해 절단난다면 우리는 망국의 한을 씹으며 개돼지처럼 살아야 할 것입니다. 우선은 힘을 합쳐 기울어져 가는 이 나라부터 구해야 합니다!'

 '무슨 뜻인지는 알겠소. 하지만 나라 안의 병균을 퇴치하는 것도 역시 중요하니, 서울로 올라가거든 탐관오리들을 엄중히 처벌하시라고 황제께 강력히 건의해 주시오.'

 '나라 위한 그 충정 잘 알겠습니다. 제 힘껏 목숨을 걸고서라도 아뢰겠습니다.'

서로 입장이 다르면서도 애국 충정에서는 서로 마음이 통한 우리 두 사람은 악수를 굳게 나누고 막걸리 한 사발씩을 통쾌히 마셨어요."

  아이들은 감탄스런 표정으로 미소를 지었다. 남궁억은 말을 계속했다.

  "그처럼 가는 곳마다 무력 사용을 자제하고 대화로써 사태를 수습하기 위해 노력했으므로 서로 피를 보는 일이 전혀 없었지요.

  그 후 궁으로 돌아간 나는 그동안 보고 느낀 점을 사실대로 기록해 고종 황제에게 상소문을 올렸어요. 그리하여 탐관오리들에게 둘러싸인 황제의 눈과 귀를 열어 줌으로써 정책 방향을 결정하는 데 많은 도움이 되길 빌었답니다.

  1895년에 나는 다시 궁내부로 옮겨 토목국장에 임명되었답니다. 고종 황제의 은혜였지요.

  나는 궁궐 부근을 돌아본 후 종로와 정동 일대의 도로를 확장하기로 작정했어요. 당시 그 일대는 낡은 집들이 즐비했으며 길은 비좁고 지저분해 통행에 많은 지장을 주었어요. 그리고 외국 사신들이 많이 왕래하는 터라 나라의 첫인상에 많은 영향을 끼쳤지요.

  많은 사람들이 반대했지만 언젠가는 꼭 해야 할 사업이라고 설득하여 일을 진행했답니다. 길가의 낡아빠진 집들을 적정한 가격에 사들여 철거하고 도로를 훤하게 넓혔지요. 그리고 민주국가에는 광장이 꼭 필요하다고 생각하여 경운궁 앞에 넓은 광장을 만들었어요."

  남궁억은 감회가 새로운 모양이었다. 그때 만들어진 그 광장이 바로 오늘날의 서울광장이었다.

 "그 다음엔 탑골공원을 만들기로 했어요. 당시 그곳은 마치 도심 속의 폐허와도 같았지요. 그런데 이번에는 조정 대신들의 반대가 아주 심했어요. 쓸데없는 국고 낭비라는 것이었지요.

 '이보시오, 똑똑한 토목국장 나리. 여기서 조금만 나가면 사방천지가 다 산인데 굳이 도심 한복판에 공원을 만들 필요가 어디 있단 말이오? 심심해서 해보려는 것이오?'

 어떤 대신은 비웃기조차 했어요. 그러나 나는 차분히 대답했지요.

 '앞으로 서울이 크게 번창하면 사대문 밖의 산이나 녹지대는 점차 사라지리라고 봅니다. 바쁜 사람들은 성 밖의 산까지 갈 시간도 없을 겁니다. 그러므로 그때에 대비해서라도 서울의 중심부에 공원 하나쯤은 꼭 있어야 합니다. 지금만 해도 그렇습니다. 공원을 만들어 놓으면 사람들이 휴식을 취하고 모여서 얘기를 나누는 장소로서 사랑받게 될 것입니다.'

 그러자 조정 대신들은 별다른 대꾸를 하지 못했답니다. 그리하여 결국 탁지부에서 공원 조성 비용을 얻어내었지요. 그 다음날부터 나는 도심에 버려져 있던 원각사 터에 나가 직접 지시하며 넓고 푸른 탑골공원을 만들어 나갔답니다."

 만약 남궁억이 미래를 내다보지 않고 눈앞의 일만 좇는 사람이었다면 심한 반대를 무릅쓰고 그런 큰일을 벌이지는 못했을 터였다. 그런데 여기서 유의할 점은, 그가 사업을 과감하게 밀어붙였지만 결코 자신의 고집만을 내세우지는 않았다는 사실이었다. 면밀한 검토 끝에 공원을 만드는 것이 좋다고 결심했지만, 마구잡이로 밀어붙이지 않고 합리적인 토론을 통해 반대자들을 설복시켰다. 또한 공사를 진행함에 있어서도 날림으로 대충대충 하지 않고 치밀한 계획 아래 튼튼히 해나갔던 것이다.

"1905년에 나는 고종의 부름을 받고 다시 경상도 성주의 목사牧使로서 관직에 올랐답니다. 그때 성주에는 이용구라는 사람이 일진회 성주지부장을 맡아 일본의 앞잡이 노릇을 하고 있었어요.

그는 온갖 수단과 방법으로 나를 궁지에 빠뜨려 일을 방해했지만 난 평소처럼 직무를 보아 나갔지요. 그러던 중에 경상도 관찰사가 비밀리에 서찰을 보내왔어요.

'성주 목사는 보시오. 황금 2천 냥, 인삼 1천 근, 명주 5백 필을 마련해 올리시오.'

백성은 가뜩이나 굶주린 판에 이놈은 제 배만 채우기에 바쁜 아귀 같은 놈 백성에게 이만한 재물도 없거니와 만일 쌀 한 줌이라도 공출하면 무엇으로 가족을 먹여 살릴지, 절대로 안 될 말이었지요.

나는 즉시 상관인 경상도 관찰사가 있는 대구로 달려가, 관찰사 이근택을 만난 자리에서 바로 말했어요.

'부당한 상납 명령에 불응하오. 그만한 재물을 공출하면 백성은 거지가 될 것이오.'

'무슨 말이 그리 많소. 다른 데서는 다 하는 일을 왜 당신만 못한단

소리요. 그런 능력이 없으면 당장 물러나시오.'

돼지같이 뒤룩뒤룩 살찐 이근택은 콧방귀를 뀌었어요. 나는 너무 괘씸해서 화가 치솟았지요.

'이놈! 벼슬을 네가 준 것이더냐?'

나는 관찰사를 향해 소리치며 옆에 있던 벼루를 집어 던졌어요. 이근택의 이마에서 피가 흘렀습니다. 그놈은 내 기세에 눌려 방으로 피해 버렸어요. 나는 그 길로 목사직을 사임하려 했답니다. 그러나 고종 임금의 간곡한 요구로 계속 목사직을 맡을 수밖에 없었지요. 그러다가 얼마 후 일본이 강제로 을사조약을 체결하고 나라를 빼앗자 끝내 울분을 참지 못하고 사임하고 말았답니다. 그것이 고종 황제와 맺어졌던 인연의 마지막이었어요……."

산골 마을이라서인지 벌써 땅거미가 내리면서 어둑해졌다. 남궁억은 추억 어린 이야기를 아쉬운 듯이 마쳤다.

그렇게 함께 어려운 시대를 지낸 고종 황제가 세상을 떠났으니 남궁억은 슬픔에 빠지지 않을 수 없었다. 그는 도무지 그 사실을 믿을 수가 없는 것 같았다.

일국의 황제가 그동안 일본의 감시 아래 궁 안에만 갇혀 지내며 바깥 세상을 전혀 구경할 수 없었다는 사실 자체가 황당한 노릇이었다.

남궁억은 덕수궁이 있을 저쪽 먼 하늘을 쳐다보며 시름겹게 한숨지었다. 하지만 아무리 슬프다 한들 심심산골 보리울에서 그가 할 수 있는 일은 별로 없었다.

제13장

검은 눈동자 속의 불꽃

경성엔 일촉즉발의 긴장감이 감돌았다. 고종의 의심스러운 죽음은 억눌린 채 속으로만 부글부글 끓고 있던 한민족의 감정에 불씨를 던져 넣은 격이었다.

덕수궁에서 기거하던 고종 황제는 당시 68세로 비교적 건강한 편이었다. 그런데 갑자기 중병으로 붕어했다는 발표가 있자 사람들은 의문을 품게 되었다. 그때 마침 일본 스파이가 독살했다는 말이 퍼져 온 백성들은 나라 잃은 설움과 함께 일본에 대한 적개심으로 크게 요동쳤다.

고종의 장례식 때 서울 거리는 흰옷 입은 사람들이 몰려 와 거대한 대성통곡의 물결을 이루었다. 덕수궁 대한문 앞에서 상여가 출발하자 울음의 물결도 함께 움직였다. 일본 경찰들이 길 양옆에 쭉 늘어서서 감시하며 따라 걸었다.

백성들의 반일 감정이 용암처럼 끓고 있다는 사실을 안 우리 조선 민족 대표 33인은 거국적인 만세운동을 준비하기 시작했다.

드디어 3월 1일 오후 2시, 민족 대표들은 서울 인사동의 태화관泰和館에 모여 독립선언서를 펼쳤다. 만해 한용운이 일어나 우렁찬 목소리로 낭독했다.

"우리들은 이제 우리 조선이 독립국임과 조선인이 자주민임을 선언하노라. 이로써 세계만방에 알려 인류 평등의 큰 뜻을 밝히며, 이로써 자손만대에 알려 민족자존의 정당한 권리를 영원히 누리게 하노라……."

즉시 일본경찰대 80여 명이 달려와 태화관을 포위했다. 한용운은 계속 우렁찬 목소리로 낭독을 했다. 공약 3장의 낭독이 끝난 다음 모두 함께 일어나 크게 외쳤다.

"대한독립 만세!"

일본 경찰들이 우르르 달려들었다. 그러고는 민족 대표들을 체포했다. 민족 대표들은 의연하게 일본 경찰에 연행되어 갔다.

한편 그 무렵 탑골공원에는 서울의 남녀 학생 5천여 명이 몰려와서 독립선언식이 열리기를 기다리고 있었다. 그러나 연행되어 간 민족 대표들이 올 리가 없었다.

 탑골공원은 바로 남궁억이 토목국장 시절에 조정 대신들의 많은 반대를 물리치고 만든 곳이었다.

 오후 2시가 되자 한 청년이 단상으로 올라가 독립선언서를 낭독했다. 낭독이 끝나자 학생들은 모자를 하늘로 날리며 외쳤다.

 "대한독립 만세!"

 그러고는 모두 함께 종로 쪽으로 뛰쳐나가 시위행진에 들어갔다. 그 속에는 예전에 남궁억 선생으로부터 독립정신을 배운 배화학당의 학생들도 여럿 섞여 있었다.

 수많은 군중이 호응해 함께 대한독립 만세를 외치며 시위행진을 펼쳤다. 시위 대열이 대한문 앞에 이르렀을 때는 온 서울 시내가 흥분된 군중의 만세 소리로 들끓었다. 시위행렬은 대한문 앞에 이르러 고종 황제의 빈전(殯殿; 관을 넣어둔 전각)을 향해 예를 올렸다.

 그리고 대열을 나누어 한쪽은 정동의 미국 영사관 쪽으로 향하고, 다른 한 대열은 남대문을 지나 왜성대倭城臺의 총독부로 향하였다.

 만세시위 행진은 여러 동네로 퍼져 되풀이되었으며 해질 무렵부터는 교외로 번져 나갔다. 그러나 시위군중은 공약 3장에 밝힌 대로 질서를 유지했기 때문에 단 한 건의 폭력사건도 일어나지 않았다.

 하지만 상황은 점점 달라졌다.

 한민족의 평화적인 시위에 대해 일본 당국이 군인과 경찰을 투입하여 강제로 해산시키려 들었기 때문에 시위는 점차 과격해지기 시작했다. 그리고 서울에서 3월 1일에 점화된 독립만세운동의 불길은 날이 갈수록 전국으로 번져 나갔다.

천안 아우내 장터에서는 유관순 학생이 수천 명의 군중에게 태극기를 나누어 주고 맨 앞에서 독립만세를 외치며 격렬하게 시위를 펼쳤다. 일본 경찰의 총칼에 아버지와 어머니가 피살당하고, 그녀는 시위 주동자로 잡혀 끌려갔다. 감옥에서 무자비한 고문을 받았으나 그녀는 끝내 굴하지 않았다. 형무소에서 복역 중에도 큰 소리로 독립만세를 불렀고 그때마다 형무관에게 끌려가 모진 악형을 받았다.

만세시위는 바다를 건너 제주도에까지 번져 우리나라의 역사상 최대의 민족운동으로 발전해 나갔다.

보리울에도 그런 독립만세의 함성이 봄바람을 타고 울려 왔다. 남궁억은 즉시 만세운동의 준비에 들어갔다. 제자들과 마을 사람들을 모아 독립선언서를 필사하고 태극기를 만들었다. 시위 당일엔 모두 머리띠를 두르고 흰 옷을 입도록 지시했다.

준비가 되자 남궁억은 앞장서서 태극기를 흔들며 외쳤다.

"대한독립 만세! 무궁화 길이길이 꽃피리, 우리 삼천리 금수강산!"

그러자 모두 함께 따라 우렁차게 외쳤다.

"대한독립 만세! 무궁화 길이길이 꽃피리!"

마을 앞길에서부터 교회까지 이어지는 길에는 태극기의 물결과 만세 소리가 넘쳤다. 그리고 그 소리는 산골 곳곳으로 퍼져 나가 메아리쳤다.

한편 강원도 양양에서는 예전에 남궁억에게 배운 현산학교의 졸업생과 재학생들이 만세운동을 이끌었다. 현산학교와 배화학당의 옛 제자들이 독립운동을 하다가 일본 경찰에 붙잡혀 갔다는 소식을 들은 남궁억의 눈가에 이슬이 맺혔다. 당장에 달려가 제자들을 위로하고 싶었지만 나이 많은 몸으로 첩첩산중을 벗어나기는 쉽지 않았다.

3·1 운동이 전국적으로 들불처럼 번지자 총독부는 군경의 총칼에 의한 잔혹한 탄압으로 이 평화운동을 억누르려 했다. 전국 각지에 강력한 권한을 가진 헌병과 경찰을 배치하고, 새로운 무기로 무장한 정규 일본군 2개 사단을 주둔시켜 언제든지 신속하게 출동할 수 있도록 하였다. 그들은 평화적인 시위를 하는 군중을 마구 학살하고 흡혈귀처럼 웃어댔다.

경남 진주에서도 만세운동의 불길이 활활 타올랐다. 한 청년이 바윗돌 위에 올라서서 태극기를 흔들며 군중에게 우리나라 독립의 정당성과 일본의 만행을 규탄하자, 일본 헌병이 시퍼런 일본도를 뽑아 그의 오른팔을 베어 태극기와 함께 땅에 떨어뜨렸다. 청년이 왼손으로 태극기를 주워들고 다시 만세를 외치자 이번엔 왼팔마저 싹둑 베어 버렸다. 청년은 두 팔을 잃은 몸으로 앞으로 뛰어나가며 계속 만세를 불렀다. 격분한 헌병이 뒤따라가 그의 온몸을 칼로 마구 찔러댔으나 청년은 목숨이 끊어지는 순간까지 만세를 외쳤다.

신음소리와 비명소리 그리고 유혈이 낭자한 광경을 본 군중은 불꽃처럼 타올라 독립만세를 외치며 성난 파도같이 헌병에게 달려들었다. 일본 경찰은 미친 듯이 마구 총을 쏘아댔다. 그들은 악마처럼 눈알을 번득거리며 웃어대고 있었다. 수많은 사람이 붉디붉은 피로 흰옷을 물들이며 쓰러졌다.

희생자가 가장 많이 발생한 곳은 수원 제암리였다.

제암리의 청년들은 발안發安 장날에 만세운동을 벌이기로 계획을 짰다. 장터에 사람들이 많이 모여든 시간에 청년들은 태극기를 걸어 놓고 연설회를 개최한 후 대한독립 만세를 외치며 장거리를 행진했다. 장터에 모여 있던 모든 사람들이 독립만세를 따라 외쳤다.

당황한 일본 경찰은 주동자를 붙잡아 가혹하게 매질을 했다. 많은 청년들이 상처를 입고 마을로 돌아왔다. 그러나 청년들은 밤에 제암리 뒷산에 올라 봉화烽火를 올림으로써 주민들의 만세운동은 계속되었다. 이튿날 밤엔 주변 산봉우리 80여 곳에서 봉화를 올리고 만세를 불렀다.

열흘 후인 4월 15일 오후 2시, 일본 경찰의 계획된 음모가 시작되었다.

수원에 주둔하고 있던 보병 제78연대 소속 아리타有田俊夫 중위 등 일본 헌병 30명이 몰려왔다. 아리타는 강연이 있다고 속여 기독교와 천주교 신자 20여 명을 교회당에 모이도록 했다. 발안 장날 너무 심한 매질을 하여 사과하고자 왔다고 둘러댔다.

얼마 후 21명의 남자 신도가 모이자 헌병들은 밖으로 나가 교회 출입문에 못질을 하고 석유를 뿌린 다음 불을 질렀다. 삽시간에 교회 건물에서 불길이 치솟았다. 일본 헌병들은 비참하게 죽어가는 남편을 살려 달라고 밖에 서서 애원하는 두 아낙의 목을 베어 볏짚으로 불을 놓기까지 했다. 그리고 불 속에서 뛰쳐나오는 사람들을 향해 총을 쏘거나 총검으로 찔러 모두 다 죽였다.

이 사건으로 교회 안에서 22명, 밖에서 6명 등 모두 28명이 살해되었다. 만행을 저지른 헌병들은 여기서 그치지 않고 민가에 불을 질렀다. 그리하여 외딴집 한 채만 남고 32가구의 초가집이 모두 불탔다. 불길이 너무 어마어마해 멀리서도 훤히 보일 정도였다.

사건이 일어난 지 며칠이 지나도록 일본 헌병들의 감시가 심해 누구도 희생자의 유해를 찾아 장례를 치를 엄두를 내지 못했다.

보리울에서 남궁억은 다시금 학생들을 가르치는 데 마음을 기울였다.

시간이 흘러 만세운동의 불길도 차츰 사그라져 갔다. 그러나 한민족의 가슴속에는 뜨거운 불씨로 살아남아 있었다.

남궁억은 여러 경로를 통해 자료를 수집하고 정리하여 3·1 독립운동에 관한 글을 썼다. 그 글은 나중에 《조선 이야기》라는 책 속에 수록되었다. 남궁억은 그 책으로 모곡학교의 학생들을 가르쳤다.

《조선이야기》는 남궁억이 전에 쓴 《동사략東史略》을 청소년들이 이해하기 쉽게 동화식으로 풀어쓴 책이었다. 그 책을 쓴 동기는 학생들에게 우수한 한민족이 지녀야 할 자부심을 알려 주고, 일본과 중국 등 외세에 대한 잘못된 생각을 바로잡아 올바른 민족사를 가르치려는 것이었다. 책의 구성은 단군조선에서 3·1 운동까지로 되어 있었다.

모곡학교의 학생들은 재미있는 그 책으로 공부하는 시간을 아주 좋아했다.

남궁억은 초롱초롱한 학생들의 눈을 바라보며 말했다.

"3·1 운동은 일본제국의 폭압적인 지배에 대한 우리 민족의 저항으로 일어났습니다. 일본은 조선을 강점한 뒤 군사력을 배경으로 정치, 경제, 사회, 문화 등의 모든 분야에서 폭력적인 억압과 수탈을 자행했습니다. 헌병경찰제를 시행해 수많은 항일운동가들을 학살하고 투옥했지요. 그리고 언론, 출판, 집회, 결사의 자유 등 기본적인 권리와 자유도 누리지 못하게 했습니다. 또한 토지조사사업을 통해 농촌의 땅과 곡식을 마구 수탈하고, 회사령 등으로 우리 민족 산업의 발전을 억압했지요. 이처럼 일제의 폭압적인 식민지 지배에 대한 분노가 3·1 운동으로 폭발하게 된 것입니다."

남궁억은 비가 부슬부슬 내리기 시작하는 창밖을 바라보며 말을 계속했다.

"우리 만세운동은 처음부터 평화적으로 진행되었습니다. 그런데 총독부는 군대와 경찰을 동원해서, 비무장으로 평화적 시위를 벌이는 군중에 대해 무자비한 공격을 가했어요. 곳곳에서 수많은 사람들이 학살당하고 투옥되는 참사가 벌어졌습니다. 그리고 심한 고문이 뒤따랐답니다.

천안 아우내 장터에서는 유관순이라는 이화학당 학생이 수천 명의 군중에게 태극기를 나누어 주고 독립만세를 외치다가 일본 경찰에 붙잡혔어요. 그런데 그 학생이 일본 경찰에게 어떤 고문을 당했는지 아세요?

먼저 머리에 콜타르를 바르고 마치 가발을 벗기듯 머리카락을 잡아당겨 머릿가죽을 벗겨 냈다고 합니다. 손톱과 발톱을 펜치로 들어다 놨다 하면서 서서히 뽑는 고문노 했다고 해요. 또 밥을 정상적으로 주지 않고 모래나 쇳가루 등을 넣어 강제로 먹게 했다고 합니다. 그리고 머리를 뒤로 젖힌 후 고춧가루 섞은 물을 코와 입으로 들이부었다고 합니다. 아, 얼마나 악독한 짓인가요! 유관순 열사는 죽으면서 다음과 같은 유언을 남겼다는군요.

'내 손톱이 빠져나가고 손과 다리가 부러져도 그 고통은 이길 수 있사오나 나라를 잃어버린 그 고통만은 견딜 수가 없습니다. 나라에 바칠 목숨이 오직 하나밖에 없는 것만이 유일한 슬픔입니다.'

오, 여러분! 한번 잃어버린 나라를 되찾기가 이토록 어렵고 괴롭단 말입니까?"

남궁억은 말을 더 잇지 못했다. 그의 허연 눈썹이 파르르 떨리고 있었다. 학생들도 깜짝 놀라 벌린 입을 다물지 못했다.

한참 동안 창문만 바라보고 있던 남궁억이 말했다.

"3·1 운동이 시작된 이후 3개월 동안 피해 상황을 대강 어림잡아 보면 이렇습니다. 집회 횟수는 약 3천여 회, 참가인원 수는 약 5백만 명, 사망자 수십만여 명, 부상자 50여만 명, 검거된 사람은 약 10만 명입니다. 그리고 불에 탄 교회가 약 50곳, 학교는 10곳, 민가는 2천 채나 탔다고 합니다.

3·1 독립운동은 일제의 잔인한 탄압으로 많은 희생자를 낸 채 비록 목표를 이루지는 못했지만, 우리 민족의 독립정신을 만천하에 드러낸 바가 되었습니다. 또한 중국의 5·4 운동이나 인도 지도자인 간디의 비폭력·불복종 운동, 터키의 민족운동 등 아시아와 중동 지역 민족운동에도 큰 영향을 끼쳤습니다."

그때 수업을 마치는 종이 울렸다.

남궁 교장은 말을 마치고 긴 한숨을 내쉬었다. 학생들도 이윽고 긴장감에서 풀려나 몸을 움직였다.

사실 그런 수업은 아무나 할 수 있는 것이 아니었다. 만일 일본 당국에 알려진다면 끌려가서 모진 고문을 받거나 목숨을 잃을 수도 있는 노릇이었다. 민족이 당한 일을 바로 알리고 학생들을 미래의 대들보로 키운다는 지극한 사명감이 없는 한 감히 엄두도 못 낼 일이었다. 자신의 목숨을 민족의 제단에 기꺼이 내놓은 사람만이 하는 일이었다.

날이 어두워지며 빗줄기가 점점 세차게 쏟아지더니 천둥과 번개가 천지를 울렸다.

제14장

하모니카 할아버지

보리울의 하루하루는 시냇물처럼 빠르면서도 한가롭게 흘러갔다.

남궁억의 시간은 새벽에 유리봉에 올라 기도하는 일 외에는 모두 학생들을 가르치는 데 바쳐졌다.

그의 교육은 입으로 지식을 일방적으로 주입하는 식이 아니라 스스로 모범을 보이는 실천을 통해 이루어졌다. 또한 현실을 무시한 채 이론만을 나불거리지도 않았다. 잔머리나 굴리는 지식보다는 폭넓은 이해력과 참된 인격을 갖추는 것이 미래 세상을 살아가는 데 더욱 필요하리라고 강조했다.

"생각은 실천의 어머니입니다. 하지만 생각이 있다고 바로 실천되어 현실화되는 것은 아닙니다. 실천하려는 노력과 능력이 꼭 있어야만 합니다!"

남궁억은 학생들에게 되풀이해서 강조하곤 했다.

"씨앗만 뿌린다고 맛있는 열매를 따 먹을 수 있는 건 결코 아닙니다. 가꾸는 농부의 관심과 노력이 필요한 것입니다."

특히 모곡학교는 산골의 농촌에 자리잡고 있으므로 농촌의 실정에 맞는 교육이 필요하다고 그는 생각했다. 그래서 학생들에게 아침 일찍 일어나 풀을 베어 등교 길에 지게에 지고 오도록 했으며, 하교 길에는 땔나무를 해서 한 짐씩 지고 가도록 독려했다.

"여러분이 학생이라고 해서 우리 농촌의 현실을 무시하고 무작정 책만 읽으려고 해서는 안 됩니다. 흙은 흔하지만 아주 귀중한 것입니다. 흙이 없으면 사람은 살 수가 없겠지요. 그래서 농촌을 모든 인간의 마음의 고향이며 생명의 터전이라고 하는 것입니다. 여러분이 흙 속에서 흙과 함께 한 기억들은 평생에 걸쳐 소중한 재산이 될 것입니다. 앞으로 여러분이 학교를 마치고 사회에 나가 아무리 출세를 하더라도, 향긋한 흙내음을 잃어버린다면 진정한 마음의 행복을 느끼기가 어려울 것입니다. 여러분이 농사일을 거들면서 익힌 대자연의 이치와 부지런한 습관은 평생의 보물이 되어 행복으로 이끌어 주리라 믿습니다."

등교 시간에 운동장으로 줄지어 밀려드는 풀지게에는 책보퉁이와 도시락이 매달려 달랑거렸으며 간혹 진달래나 민들레가 꽂혀 마치 그림처럼 보이기도 했다.

남궁억은 우리 농촌이 푸르고 싱싱하게 살아나야만 앞으로 온 나라가 건강해지리라고 믿었다. 사실 모든 선진국에서도 농촌은 그 나라의 기초체력으로서 중요시되고 있었다.

새벽 일찍 유리봉에서 조국의 독립을 위해 기도하고 나면 남궁억은 밀짚모자를 쓴 채 동네를 돌며 청소년들을 깨우고, 버려진 짚신 짝들을 주워 모아 오줌통에 담갔다가 텃밭의 거름으로 뿌렸다. 그는 집 앞의 텃밭에 직접 채소를 심어 가꾸었으며 수확을 하면 이웃과 나눠 먹었던 것이다. 농사 경험은 없었으나, 모르는 것이 있으면 언제나 배우는 자세로 마을 사람들에게 물어 하나씩 깨쳐 나갔다. 그런 겸허한 자세는 마을 사람들과 학생들에게 큰 감동을 주어 배움의 본보기가 되었다.

그는 길을 걸을 때 유리조각이나 위험스런 물건을 보면 꼭 치워 놓고 지나갔으며, 아이들을 만나기라도 하면 동심으로 돌아가 스스로 지은 노래를 함께 불러 가르쳐 주었다. 그러면서도 아이들이 과자나 장난감을 사달라고 조르면 어떤 작은 일이라도 시킨 다음에야 응낙했다. 또 취미로 우표 수집을 하는 학생이 올 경우에도 적절한 돈을 받거나 심부름을 시켰다. 공짜를 바라지 말고 자립적으로 살아야 한다는 뜻이었다.

모곡학교는 입학하는 학생이 계속 늘어났다. 설립될 당시의 시설로는 좁아서 어려움이 많았다. 남궁억은 감리교회 선교부의 보조금과 홍천군의 민간인들로부터 기부금을 모아 강신재 언덕 위에 1백

평 정도의 새 교사와 기숙사를 건립했다. 그리하여 모곡학교는 정규적인 6년제의 사립학교로 인가를 받았다.

강원도 산골에 자리한 모곡학교가 이렇게 발전하게 된 것은 3·1 운동 이후 신학문에 대한 사람들의 인식이 전환되었기 때문이었다. 3·1 운동은 학생과 지식인들이 앞장서서 조국의 독립을 부르짖은 것이므로 많은 사람이 좋은 느낌을 받았다.

물론 남궁억 교장의 헌신적인 열정이 없었다면 애초에 불가능한 일이었다.

한편 일본은 총칼의 폭압만으로는 3·1 운동으로 분출한 우리 민족의 저항을 막을 수 없었으므로 겉으로나마 조신인에 대한 차별과 억압을 조금 완화하여 유화정책을 폈다. 눈 가리고 아웅하는 수작이라고나 할까. 문화생활이나 교육 등을 제한적으로 허용하는 정책을 폈던 것이다. 그러나 그것은 가혹한 식민통치를 은폐하고 친일파를 육성하여 민족운동을 분열시키기 위한 속임수에 지나지 않았다.

그 이후 1920년대부터 30년대를 거쳐 해방 전까지 조선총독부가 해온 짓을 살펴보면 알 수가 있다.

총독부는 일본과 조선이 합심하여 서로 가깝게 지내자는 의미로 내선융화(內鮮融和: 일본과 조선의 화합), 일시동인(一視同仁: 일본과 조선을 평등하게 보아 똑같이 사랑함) 등의 겉보기에 부드러운 강령을 내세웠다.

또한 일본인과 조선인이 동일민족이라는 동조동근론同祖同根論을 주장하고, 일본과 조선은 하나라면서 내선일체內鮮一體를 내세웠다. 그들은 일본민족과 한민족은 시조 신인 천조대신의 적자와 서자로서 한 조상을 가진 같은 민족이라고 날조했다. 그리하여 조선인을 일본인으로 만들려고 했으며 일본 왕에 대한 충성을 강요했다.

총독부는 전국에 신사神社를 세우고 조선인들로 하여금 매일 정오에 참배토록 했으며 거기서 황국신민서사皇國臣民誓詞를 낭독하고 일본 왕이 있는 동쪽을 향하여 절을 하라고 강요했다. 나아가 모든 가정집에는 카미타나神棚라고 하는 신이 들어 있다는 상자를 만들어 모시고 거기에 수시로 경배하도록 시켰다. 이런 모든 요상한 짓거리는 조선인의 혼을 말살하고 일본인의 노예로 만들려는 것이었다.

그다음엔 이른바 창씨개명이라 하여 조선인들의 성과 이름을 일본식으로 만들어 등록하도록 강요했다. 만일 창씨개명을 하지 않으면 취학이나 취직을 못하도록 막고, 우편물 이용 등 일상생활을 방해하거나 경찰서로 끌고 가 심한 고문을 하기도 했다.

조선인들은 숨을 쉬기조차 힘에 겨운 세월이었다.

총독부는 두 차례에 걸쳐 조선교육령을 공포했다. 그것은 충성스런 일본 식민지의 신민을 양성하기 위한 조치였다. 즉, 조선인들에게 일본어를 보급시켜서 잘 부려먹기 위한 보통학교와 농업, 상업, 공업 분야의 하급 직업인을 만들기 위한 실업학교, 기술을 가르치는 전문학교만 허가하고 차원 높은 지식을 탐구하는 대학은 허용하지 않았던 것이다.

그러자 한민족의 지식욕을 충족시킬 만한 대학이 하나도 없다는 것은 민족의 수치이므로 민립대학을 설립해야 한다는 큰 뜻에 따라 설립운동이 일어나기도 했다. 하지만 일본의 방해공작으로 실패하고 말았다.

어느 가을날이었다.
창가에 서 있는 남궁억의 눈엔 운동장에서 뛰노는 학생들의 모습이 가득 찼다.
"아, 어찌 우리 민족은 아름다운 강산을 빼앗기고, 죄 없는 어린아이들마저 식민지 백성이 되어야 하는가."
그는 탄식하더니 무릎을 꿇고 기도를 올렸다.
"주여, 이 몸은 환갑이 넘은 기물(棄物 ; 쓸데없어 버릴 물건)이오나 이 민족을 위해 바치오니 받으시고, 젊어서 가졌던 애국심을 아무리 혹독한 왜정하일지라도 변절하지 않고 육신으로 영혼을 감당할 힘을 주옵소서."
기도의 주제는 유리봉에서도 언제나 그랬듯 오로지 우리 민족의 독립이었다.
그날 남궁억은 하나의 큰 결심을 하고 마음속에 목표를 세웠다. 그것은 바로 온 나라에 무궁화를 심어 이 땅을 '무궁화 삼천리 화려강산'으로 만드는 것이었다.
"우리가 독립하려면 모든 백성이 하나로 굳게 뭉쳐야만 한다. 뛰어난 지도자도 필요하지만 무엇보다도 2천만 민중이 함께 기어이 독립을 하겠다는 자각과 실천이 더 중요하다. 그러려면 백성을 하나로 뭉치게 할 구심점이 있어야겠다."

그리하여 무궁화를 생각하게 되었다. 예로부터 우리나라를 일컬어 무궁화의 나라라고 했으며, 삼국시대와 고려시대를 거쳐 오면서 무궁화는 한민족 백성이 끊임없이 사랑한 꽃이었다.

그건 결코 아무나 할 수 있는 일이 아니었다. 그 당시는 무궁화라는 말조차 쉽게 꺼내기가 어려운 시대였다. 잘못 걸렸다가는 일본 경찰에 끌려가 곤욕을 치를 수도 있었다. 그래서 사람들은 무궁화를 무궁화라고 제 이름으로 부르지 못하고 근화槿花라고 했다.

봄이 오자 남궁억은 모곡학교가 자리잡은 강신재 언덕 위에 넓은 터를 잡아 무궁화 묘포苗圃를 만들었다. 학생들도 나와서 도왔다. 무궁화 나무만 심으면 일본인 관리들이 의심할까 봐 무궁화 묘목과 비슷한 뽕나무 묘목을 군데군데 함께 심어 길렀다.

그는 학생들에게 무궁화에 대해 자세히 설명했다.

"무궁화는 '피고 또 피어 영원히 지지 않는 꽃' 또는 '영원무궁토록 빛나 겨레의 환한 등불이 될 꽃'이란 뜻을 담고 있습니다. 무궁화라는 이름은 지금은 한자로 쓰지만 원래는 순우리말이었답니다. 무궁화의 학명은 히비스커스로서 이 그리스어에는 '아름다운 여신을 닮았다'라는 뜻이 담겨 있어요. 영어로는 샤론의 장미rose of sharon인데 '선택받은 땅에서 피어나는 성스럽고 아름다운 꽃'이란 의미랍니다.

이제 7월이 오면 무궁화는 활짝 꽃을 피울 것입니다. 그리고 그때부터 10월까지 1백 일 동안 한 그루에 2~3천여 송이의 꽃을 계속 피우지요. 무궁화는 빛을 좋아해 아침에 피었다가 어둠이 밀려오는 저녁 무렵 스스로 꽃잎을 닫고 떨어집니다. 그리고 그 자리에 또 다른 꽃송이가 끊임없이 피어난답니다. 다시 말해 오늘 우리가 보는 무궁화는 어제의 그 꽃이 아닙니다. 우리가 꽃잎이 말라 시든 무궁화를 볼 수 없는 까닭도 이 때문입니다. 무궁화는 다른 어떤 꽃보다 더 끈질긴 생명력을 지니고 있으며, 그 우아한 기품과 소담스러움이 진정 아름답습니다. 제철이 오면 무궁화는 연분홍, 진분홍, 흰색, 보랏빛을 띤 분홍, 가운데 붉은 기운이 있는 꽃 등을 환하게 피워 우리 보리울은 별천지가 될 것입니다. 그리고 온 한반도까지도……."

무궁화 묘목은 마음속의 희망처럼 파란 싹을 틔웠다. 남궁억은 실업 시간이면 학생들을 무궁화 묘포로 불러내어 김을 매고 거름을 주도록 했다. 함께 잡초를 뽑던 남궁억이 무심결에 "일본놈처럼 질기군 그래."라고 말하자 학생들은 더욱 부지런히 잡초를 뽑아냈다.

어린 무궁화 묘목에 들러붙어 진액을 빨아먹는 해충을 잡아내던 남궁억 선생이 허리를 펴고 말했다.

"벌레는 악독한 일본놈 같기만 하지만 또한 우리 민족의 내부에도 들어 있습니다. 친일 모리배와 매국노들은 우리 민족의 피를 빨고 살을 갉아 먹는 해충보다 나쁜 자들입니다. 그리고 일반 백성의 무관심도 큰 문제입니다. 백성 한 사람 한 사람이 각성하여 무궁화처럼 활짝 피어날 때 우리나라에 희망이 있습니다. 우리 마음속의 게으름, 의타심, 자기 것만 챙기는 이기적인 욕심은 나를 갉아먹는 해충이라는 사실을 명심하기 바랍니다."

모두 열심히 벌레를 잡고 잡초를 뽑았다. 그 정성을 아는 듯이 무궁화 묘목은 무럭무럭 자랐다.

무궁화 묘포는 한반도 전체를 통틀어 오직 보리울 한 곳밖에 없었다. 남궁억은 심혈을 기울여 키운 무궁화 묘목을 전국 각지의 학교와 애국단체, 교회나 절 등으로 보급했다. 수십만 주의 무궁화 묘목이 우편배달부의 자전거에 실려 한반도 곳곳으로 퍼져 나갔다. 일본 관리에게는 묘목을 팔아 학교의 재정을 마련하기 위해서라고 둘러댔지만, 그의 진정한 뜻은 바로 삼천리 강산을 무궁화로 아름답게 수놓는 것이었다.

보리울에서 뿐만 아니라 전국의 백성들에게 '무궁화 할아버지'로 불린 남궁억의 무궁화 사랑이 세상에 알려지면서 일본 관리들도 모곡학교의 무궁화 묘포에 주목하게 되었다. 무궁화는 이미 단순한 꽃이 아니라 한민족의 나라를 상징하는 꽃이었다. 그래서 각지로부터 주문받은 무궁화 묘목을 보낼 때는 생김새가 비슷한 뽕나무 묘목과 함께 섞는 것을 잊지 않았다.

간혹 뽕나무로 알고 밭에 심었던 사람들은 후에 무궁화 꽃이 피는 것을 보고 집안의 화단으로 옮겨 심어 정성껏 가꾸며 사랑했다.

한편 남궁억은 "예로부터 무궁화는 우리 민족의 사랑을 받았으며 어떤 꽃보다도 은근하고 끈질긴 생명력을 지녔다. 그리고 점잖고 겸허한 선비의 풍모를 갖추어 우리의 민족성과 비슷하므로 이 나라를 상징하는 국화國花로 삼을 만하다."라고 설명한 인쇄물을 만들어 몰래 배포하기도 했다.

언젠가는 윤치호와 함께 이런 얘기를 나눈 적이 있었다.

"여보게 한서, 앞으로 우리나라가 독립하면 애국가도 있어야 하고 국화도 정해야 할 텐데 말이야. 자넨 어떻게 생각하나?"

남궁억이 대답했다.

"무궁화보다 더 좋은 꽃이 어디 있겠나."

"음, 그래. 그리고 요즘 내가 애국가의 초안을 한번 지어 보고 있는데 말이네. 한서 자네가 자주 말하는 '무궁화 삼천리 화려강산'이란 구절을 꼭 넣었으면 해."

"허허, 내 눈앞엔 이미 그런 모습이 선히 떠오르는군. 더욱 열심히 가꾸어 나가야지."

그런 노력 덕분에 얼마 후에는 삼천리 강산 어디를 가더라도 무궁화가 환히 피어 아름다운 꽃동산을 이루었다.

식민지의 세월은 느리게 흘러갔다.

그 무렵 총독부는 모든 교육기관에 대한 수업시간을 줄이고 학생들을 각종 토목공사 등에 동원했다. 보통학교 학생까지 송진 채집에 동원하더니 마침내 중등학교와 전문학교 학생들을 학도병으로 강제

징병했다. 전쟁터에 끌려가 꽃다운 목숨을 잃은 학생들이 부지기수였다.

일본은 또한 수많은 조선인을 강제로 징용해 부려먹었다. 처음에는 조선의 값싼 노동력을 모집하여 일본의 토목공사장이나 광산에서 집단노동하게 했으나 차츰 징용령을 실시해 강제동원에 나섰다. 강제로 동원된 조선인은 식민지 전기간에 걸쳐 5백만 명이 넘었다. 그들은 주로 탄광이나 군수공장에서 가혹하게 혹사당했다.

강제로 징용된 조선인들은 공사 후 비밀 유지를 이유로 집단 학살당한 일도 있었다. 전투기 비행장 건설 노동자 1천여 명과 머나먼 열도列島로 끌려간 군수공장 노동자 5천여 명이 집단학살되었다. 타국의 섬으로 끌려간 조선인들은 임무 완료 후 동굴 속에 가두어져 무참히 학살당했다.

또한 수많은 조선인들이 일본에 의해 땅과 집을 빼앗기곤 북간도나 만주 등으로 떠나야 했다. 괴나리봇짐을 메고 어린 자식을 업은 채 산 설고 물 설은 이국 땅으로 향할 때 이제 다시 못 올 조국을 생각하면 어찌 눈물이 흐르지 않으랴.

남궁억은 그런 동포들의 아픔을 느끼며 '시절 잃은 나비'라는 노래를 지었다.

해는 져서 서산에 황혼이 되고
바다와 온 우주는 캄캄한데

옥토를 떠나서 어디를 향해
정처없이 어디를 향해 가느냐
애닯다 이천만의 고려민족아
너희 살 길 바이없어 떠나가느냐

젖과 꿀이 흐르는 기름진 땅을
누구를 주고 자꾸만 떠나가느냐
정든 산천 고국을 등지고
애달픈 눈물방울만 연이어 뿌리며
두만강 푸른 물결 건너서 가는
백의의 단군민족이여…….

 그뿐만이 아니었다. 훗날 일본은 여자정신대 근무령을 공포한 뒤 12세에서 40세까지의 여성 수십만 명을 강제로 끌고 가 군수공장에서 일하게 하거나 군대의 위안부로 보내는 만행을 저질렀다. 물론 그건 먼 훗날의 일이긴 했지만, 지은이가 죽은 뒤에도 노래는 오래 남아 나라 잃은 백성의 한을 달래 주었다.
 들녘에서 쑥을 캐거나 집에서 일하다가 영문도 모른 채 끌려간 조선 여성들은 각 지역의 여관이나 창고 등에 감금되었다가 목적지로 수송되었다. 조선 여인들은 군병참부의 책임 아래 군용 화물열차나 수송선으로 목적지로 옮겨졌으며 하나의 화물로 취급되었다. 먼 남양군도로 끌려가던 조선 여인들은 수송 도중 미군의 폭격으로 수송선이 격침되어 수중고혼이 된 예가 부지기수였다.

환갑을 훌쩍 넘긴 남궁억의 머리카락과 긴 수염은 순수한 흰빛으로 변했다. 흰 눈썹 밑의 검은 눈동자만이 형형하게 빛났다.
보리울은 남궁억이 가슴속의 꿈을 펼치는 마지막 무대였으며, 지친 영혼을 기댈 만한 이상향이자 마음의 고향이었다.
그는 묘목장 주변뿐만 아니라 학교 곳곳과 강신재 언덕 전체에 무궁화 나무를 심어 가꾸었다. 일본의 횡포가 점점 더 심해진다는 소식이 서울에서 들려오기라도 하면 남궁억은 유리봉이나 강신재 언덕으로 가서 자라나는 무궁화 나무를 향해 얘기를 나누며 울분을 달래기도 하고 감정이 격해지면 눈물을 흘리기도 했다. 그에게 있어 무궁화는 단순한 식물이 아니라 하나의 고귀한 생명으로서 미래에 거는 희망 그 자체였다.
계절이 바뀌자 강신재 언덕은 제철을 맞은 무궁화 꽃으로 뒤덮였다. 보리울 전체가 분홍색 꽃과 하얀 꽃 그리고 초록 잎새의 물결로 출렁이는 것 같았다.
남궁억은 '무궁화동산'이란 노래를 지어 마을 사람들과 학생들에게 가르쳤다.

우리의 웃음은 따뜻한 봄바람
춘풍春風을 만난 무궁화 동산
우리의 눈물이 떨어질 때마다
또다시 소생하는 우리 이천만
빛나거라 삼천리 무궁화 동산
잘 살아라 이천만의 고려족이여

백발의 소년 같은 남궁억 교장은 주머니에서 하모니카를 꺼내 들고 불기 시작했다. 흰 수염을 휘날리면서 흥취를 돋우면 아이들은 하모니카 소리에 맞춰 노래를 부르며 둥실둥실 춤을 추었다.

어려운 때일수록 더 힘을 낼 필요가 있었다. 기가 죽어 움츠러들면 더 절망스러워서 아무것도 못 하게 된다. 절망이란 건 그 속에서 헤쳐 나오지 않으면 자살로까지 이어지는 무서운 병이었다. 그러므로 특히 한창 자라나는 어린이들은 나쁜 환경의 영향을 받지 않고 가슴속의 꿈을 한껏 키우면서 활발해야 한다고 남궁억은 생각했다.

그래서 그는 글쓰기, 그림 그리기, 붓글씨 쓰기 등 예술적인 활동을 중시했다. 예술은 찌든 마음을 정화해 기운을 북돋워 주므로 유익하다는 얘기였다. 언젠가 수업시간에 이런 말을 한 적이 있었다.

"음악과 미술은 영어나 산술 과목보다 실용적이지 않다고 생각하는 사람들이 많은데 그건 잘못된 생각입니다. 예술은 아름다움을 느끼고 스스로 표현하게 해줍니다. 세상을 악의 무리가 지배하고 있다해서 우리까지 추악해지면 안 되지요. 우리는 아름다움을 지키는 정의의 용사가 되어야 합니다! 아름다움은 부드럽지만, 결코 약하지 않고 아주 강합니다.

여러분, 가만히 한번 생각해 보세요. 아름다움은 정의와 서로 통하지 불의와 통하지는 않잖습니까? 불의한 것은 아름다울 수가 없습니다. 그리고 아름다움은 용기가 있을 때 나타납니다. 비겁한 아름다움을 본 적이 있습니까?"

그는 잠시 쉬었다가 계속했다.

"왜 아름다움이 정의로운 용기와 통하는지 살펴봅시다. 우리는 진선미眞善美를 서로 묶어서 말합니다. 그 이유는 참됨과 착함과 아름다움이 하나로 통하기 때문입니다. 거짓된 것이 아름답게 보일 경우가 간혹 있지만 일순간일 뿐이며 오래가지 못하잖아요. 또 악한 것이 순간적으로 아름다워 보일 때가 있어도 결국은 정체가 밝혀지면 더욱 추악해 보이지요. 그러므로 참되고 착한 것이 아름다우며, 정녕 아름답기 위해서는 진실하고 착해야 합니다."

그의 목소리는 차분하면서도 열정이 깃들어 있었다.

"우리가 참되고 착하고 아름다울 때 마음속에 참된 용기가 생겨남을 느낍니다. 정의로운 용기는 진선미와 서로 통하기 때문이죠. 일본은 참되지 않고 착하지 않고 아름답지도 않습니다. 그들은 거짓되며 악하며 불의한 짓으로 우리를 괴롭히고 있습니다. 그러나 그렇기 때문에 그들이 머지않아 멸망하게 되리라고 나는 믿습니다. 아름다움은 진실하고 선하기 때문에 강한 힘이 있음을 명심합시다! 저 아름다운 우리의 꽃 무궁화를 지키기 위해서라도…….''

예술 중에서도 특히 노래는 서로 감정을 통하게 해 공동체 의식을 높여 주므로 남궁억은 좋은 노래를 많이 만들어 보리울의 학생들에게 가르치고 나아가 전국적으로 보급시켰다.

하모니카 연주를 마친 남궁억은 아이들에게 말했다.

"자, 여러분! 우리 함께 '무궁화 꽃이 피었습니다' 놀이를 할까요?"

"네, 좋아요!"

아이들은 퍽이나 좋아했다.

술래가 가장 큰 무궁화 나무에 이마를 댄 채 크게 외쳤다.

"무궁화 꽃이 피었습니다!"

아이들은 힘껏 달리기 시작했다. 그러다가 술래의 외침이 끝나자 그 자리에서 모두 그대로 동작을 멈추었다. 어떤 아이는 팔을 짝 벌린 모습, 또 다른 아이는 한쪽 다리를 든 채 달리는 모습, 어떤 아이는 웃는 눈으로 뒤돌아보는 모습 등 각양각색이었다.

그러나 한쪽 다리를 든 아이는 딱 멈추지 못하고 한 발을 더 내딛고 말았다. 그 아이는 술래에게 걸려서 새로운 술래가 되었다.

이 놀이에는 남궁억의 깊은 뜻이 담겨 있었다. 아이들이 놀 때마다 자연스레 무궁화 꽃을 상기시키고, 또 적이 어디까지 쳐들어왔는지 늘 경계하는 자세를 몸에 배도록 했다. 그리고 '우리는 5천 년 역사 속에서 시련을 이겨내고 우뚝 선 민족인데 어디를 쳐들어오느냐. 일본, 러시아, 미국, 중국 등 4대 열강은 우리를 만만히 보지 말라.' 하는 더욱 깊은 뜻이 담겨 있었다. 곧 무궁화는 조선 민족을 의미했고 조선의 자주와 독립을 의미했다.

이 놀이를 가벼이 보지 않던 일본 관리는 남궁억이 없을 때 아이들에게 "무궁화는 진딧물이 많이 끼어 지저분하다, 만지면 부스럼이 생기고 바라보면 눈에 핏발이 선다."라는 둥 억지스러운 낭설을 퍼뜨리며 무궁화에 대한 애정을 차단하려 애썼다.

하지만 아이들은 스스로 무궁화를 기르며 그렇지 않다는 사실을 알았으므로 아무도 일본 관리의 말에 속아 넘어가지 않았다.

제15장 푸르른 솔

다시 가을이 왔다.

수탈당해 피폐해진 땅이건만, 그래도 하늘은 한없이 높푸르고 시원한 바람이 산들산들 불었다. 풀벌레 소리도 여전히 정겨웠다.

남궁억은 새벽이면 일어나 책상 앞에 앉아서 성경을 한 구절씩 읽었다.

마음이 가난한 자 복이 있나니 하늘나라가 저희 것이요
슬퍼하는 자 복 있나니 저희가 위로 받으리라
온유한 자 복 있나니 저들이 땅을 받을 것이요
의에 주리고 목마른 자는 복 있어 저희가 의롭게 되리라

긍휼히 여기는 자는 복 있어 저희가 긍휼히 여김을
마음이 깨끗한 자 복 있나니 저가 하나님을 볼 것이라
화평케 하는 자 복 있나니 저들이 하나님의 아들이라
의를 위하여 핍박 받는 자 복 있나니 천국이 저희 것이라…….

그는 결코 습관적으로 성경을 읽는 게 아니었다. 그 뜻을 잘 음미하여 가능하면 생활 속에서 실천하려고 노력했다. 성경이 비록 하나님의 말씀일지라도 그걸 기록하고 인쇄하여 펴낸 건 사람이 한 일이므로 혹시라도 현실과 괴리가 없는지 곰곰이 살피며 읽었다.
 교회에 나가서도 그의 올곧은 성품은 나타나곤 했다.
 그는 심한 고문으로 인한 후유증으로 관절염을 앓았다. 그래서 약으로 쓰기 위해 오가피, 우슬초 뿌리 등을 넣어 담은 술을 아침저녁으로 한 잔씩 복용했다. 그러자 술냄새가 난다며 신도들이 항변을 했다.
 "장로님이 술을 마시면 계명을 어기게 되지 않습니까?"
 그는 굳이 변명하지 않고 솔직히 말했다.
 "통증이 너무 심해서 그럽니다. 과음하지는 않으니 이해 바랍니다. 사실 밥도 많이 먹으면 배탈이 날 뿐만 아니라 정신까지 해이해지는 것입니다. 십계명도 지나침을 방지하기 위한 것이지 꼭 필요한 것까지 억지로 금지하는 건 아니라고 봅니다."
 한번은 백정 일을 하는 조천만이라는 사람이 처음으로 교회에 인도되어 나왔다.

남궁억은 그를 위해 기도했다.

"우리 함께 기도합시다. 조천만 씨는 오늘 처음으로 하나님 앞에 나왔습니다. 앞으로 하나님의 아들로서 정성껏 믿음의 생활을 할 수 있도록 인도하여 주시옵소서."

예배당 안의 사람들은 깜짝 놀랐다. 그때까지만 해도 신분의 차별이 분명하던 시절이었기에 신분이 천한 사람에게는 존댓말을 쓰지 않았다. 그런데 남궁억은 백정 조천만에게 깍듯이 존댓말을 썼던 것이다.

"장로님, 저런 비천한 사람에게 존댓말을 쓰시면 우리 양반들의 체면이 어찌 됩니까."

잘 차려입은 어떤 영감의 말에 남궁억이 대꾸했다.

"모든 인간은 평등합니다. 더 이상 빈부귀천을 따져서는 안 됩니다. 누가 좋아서 그런 일을 합니까. 모든 직업은 나름대로 의미가 있습니다. 만약 백정이 없으면 누가 그 힘든 일을 합니까. 아무 일도 안 하고 놀며 먹는 사람보다는 무슨 일이라도 열심히 하는 사람이 더 귀합니다."

"그러려거든 장로님 혼자서 다 하십시오. 우린 저런 사람과 함께 기도할 수가 없습니다."

"하나님은 모든 생명에 따스한 사랑을 평등하게 베푸십니다. 하나님을 욕되게 하지 마십시오. 그리고 지금 우리가 우리 민족을 함께 사랑하지 않으면 누가 해줍니까? 일본놈들이 해준답니까?"

남궁억의 사려 깊은 말에 그 양반은 아무런 대꾸도 하지 못했다.

처음에는 불만을 품었던 사람들도 차츰 진리를 깨닫고는 오히려 더 존경했다.

남궁억은 눈앞의 작은 이해관계보다는 항상 우리 민족 전체의 행복을 먼저 생각했다.

어느 날, 남궁억은 연희전문학교의 졸업식에서 축사를 해달라는 부탁을 받았다.

때는 2월 초순이라 추운데 그는 보리울에서 서울의 연희전문학교까지 1백 킬로미터가 넘는 길을 사흘 내내 걸어서 갔다.

"선생님, 차를 타고 가시죠."

제자의 권유에 남궁억은 대꾸했다.

"우리 손으로 차를 만들면 그때나 가서 타세. 일본이 만든 차를 타느니 걷는 게 더 마음 편하네."

조선을 점령한 일본은 자기네들이 만든 각종 생활용품을 한반도로 들여보냈다. 신발에서 라디오와 자동차에 이르기까지 편리하고 실용적인 물품들이 물밀듯이 쏟아져 들어왔다. 그 당시 많은 지도자들과 돈 많은 사람들이 일본을 욕하면서도 개화 바람을 강조하며 그런 외제 물건들을 선호했다.

남궁억 역시 개화를 강조하고 또 일본의 신제품이 편리하다는 것쯤 잘 알고 있었다. 하지만 그는 '우리가 우리 제품을 애용하지 않으면 우리 산업이 발전할 수 없으며, 언제까지나 일본에 예속된다.'라는 사실도 잘 알고 있었다. 그랬기에 좀 허술하고 불편한 점을 감수하고라도 국산품을 아껴 썼던 것이다.

또한 수많은 백성이 가난에 빠져 겨우 연명하고 있다는 사실을 알았기에 사치를 멀리하고 검소하게 생활했다. 수많은 지도자들이 양복에 고급 외투를 걸치고 번쩍거리는 가죽 구두를 신고 다녔지만, 남궁억은 한결같이 무명옷에 흰 고무신이나 짚신을 신고 다녔다. 얼마나 검소했던지 십 전짜리 밀짚모자가 떨어지면 깁고 또 기워서 10년을 넘게 쓰고 다닐 정도였다. 그건 결코 가난하다거나 성격이 좀스러워서 그런 게 아니었다. 그는 그렇게 검소하게 살면서도 자기 자신의 재산을 선뜻 털어내어 학교를 짓고 가난한 학생들과 마을 사람들을 무료로 가르친 사람이었다.

남궁억은 고무신을 신은 채 그 먼 길을 걸어 놀미재를 넘고 설악을 거쳐 청평까지 꼬박 밤낮을 걸었다. 청평에서 하루를 묵고 경성에 도착하니 해는 이미 서산에 기울고 있었다.

다음날 그는 연희전문학교로 갔다. 차례가 되자 귀빈석의 그 많은 참석자 가운데 유일하게 하얀 한복을 입은 남궁억이 일어섰다. 그는 학생들을 향해 말했다.

"여러분! 내가 우리 집에서 여러분을 보려고 놀미재라는 높은 고개를 넘을 때, 무릎이 묻히는 눈길을 걸어오면서 앞서 간 사람의 발자국만 따라오다가 개울길에 들어섰습니다. 그런데 아무리 생각해 보아도 길이 아닌 곳으로 발자국이 났으므로 나는 그 자국을 따라가지 않았습니다. 내가 잘 아는 산길이기 때문에 원래의 길을 찾아서 생 눈을 뚫고 발자국을 내어 내 뒤에 오는 사람은 바른 자국을 따라 오도록 한 일이 있습니다.

여러분! 우리나라에서 여러분만큼 고등교육을 받은 사람은 한 면에 하나 있을까 말까 한 정도입니다. 이제 교문을 나서는 여러분이 옮겨야 할 발길의 방향은 어디입니까? 목자도 없이 방황하는 어린 양들을 구하러 우리 고향인 농촌으로 가지 않으시렵니까? 강자를 도와 부질없는 권세에 만족해 할 것이 아니라, 약자를 살려 같이 강하게 되는 것이 우리의 할 일이라고 생각됩니다. 여러분에게 간절히 부탁합니다. 내가 산속의 눈길을 걸을 때 생눈을 뚫고 원래 길을 찾아 걸은 것처럼, 여러분이 바로 걸어야 뒤에 따르는 사람도 바른 길을 걸을 것이니, 아무쪼록 본래의 갈 길을 갈 수 있는 사람이 되기 바랍니다."

연설이 끝나자 우레와 같은 박수 소리가 터져 나와 오래도록 이어졌다. 민족을 위해 일할 젊은 인재들을 격려하기 위해 그는 늙은 몸을 이끌고 먼 길을 걷는 고생도 마다치 않았다. 그만큼 민족의 인재가 필요한 시점이었다.

어느 날, 유리봉에서 기도를 마친 그는 노랫말을 하나 지었다. 그것이 바로 유명한 '삼천리 반도 금수강산'이었다.

삼천리 반도 금수강산 하나님 주신 동산
이 동산에 할 일 많아 사방에 일꾼을 부르네
곧 금일에 일 가려고 누구가 대답을 할까
일하러 가세 일하러 가 삼천리 강산 위해
하나님 명령 받았으니 반도 강산에 일하러 가세

삼천리 반도 금수강산 하나님 주신 동산
곡식 익어 거둘 때니 사방에 일꾼을 부르네
곧 이날에 일 가려고 누구가 대답을 할까
일하러 가세 일하러 가 삼천리 강산 위해
하나님 명령 받았으니 반도 강산에 일하러 가세

이 노래는 삽시간에 전국으로 퍼져 나가 우리 민족을 위해 일을 할 여러 분야의 인재들을 일어서게 했다. 또한 '일하러 가세'라는 제목으로 찬송가에 편입되어 교회에서 가장 애창되는 노래가 되었다. 얼마 후 일본에 의해 금지곡이 되었지만 이미 찬송가에 수록되었기 때문에 신자들이 부르는 것까지 쉽사리 막을 수는 없었다.

한민족은 어둡고 긴 터널을 빠져나가듯이 하루하루 힘겹게 살아가고 있었다.

총독부의 신사참배 강요는 한민족에게 큰 시련을 더해 주었다. 신사참배뿐만 아니라 일본의 4대 국경일에는 꼭 일장기를 달라고 강요했다. 그것은 치욕스런 일이었으나 그런 동시에 또한 참된 애국지사와 친일파 매국노를 가릴 기회가 되기도 했다. 많은 사람이 일시적인 고통을 못 견뎌내고 변절해 버렸다.

일본은 전국의 각 면에 주재소를 하나씩 설치해 신사참배와 일장기 달기를 제대로 시행하는지 감시했다. 그런데 유독 남궁억이 있는 홍천군 서면에는 모곡학교에서 1킬로미터 떨어진 도리소라는 데다 주재소를 하나 더 두었다. 하지만 모곡학교에서 신사참배를 하거나 일장기를 다는 일은 결코 일어나지 않았다.

어느 날이었다. 그날은 일본의 4대 국경일 중 으뜸으로 치는 천장절(天長節: 일왕의 생일)이었다.

도리소 주재소에 근무하는 우치다라는 일본인 관리가 모곡학교로 찾아왔다. 그는 험상궂은 얼굴로 남궁억 교장에게 따졌다.

"천장절인데 어째서 기념식도 올리지 않고 일장기도 달지 않았소?"

"긴말이 필요치 않은 일이오. 내가 조선 사람으로서 어찌 그런 짓을 하겠소? 내게 잘못이 있다면 사법권을 가진 당신이 잡아가면 될 것이오."

남궁억은 당당하게 말했다. 그 말을 교무주임인 조용구 교사가 통역했다. 그러자 우치다는 길길이 뛰었다.

"지금 죽으려고 환장했나 보군, 이 곰같은 영감탱이가!"

"이곳은 신성한 교정이오. 난동 부리지 말고 어서 나를 잡아가시오."

남궁억은 차분하면서도 준엄하게 말했다. 그 어떤 위협도 두려워

하지 않는 표정이었다.
"어디 두고 보자!"
우치다는 사납게 한 마디 내뱉곤 떠나 버렸다.

1933년은 보리울에 엄청난 폭풍이 불어닥친 해였다.
남궁억이 지은 노래 '무궁화 동산'은 그전부터 모곡학교 학생들의 사랑을 받고 있었다.

……우리의 눈물이 떨어질 때마다
또다시 소생하는 우리 이천만
빛나거라 삼천리 무궁화 동산……

얼어붙은 이 땅에서 고통받는 사람들의 눈물이 떨어질 때마다 봄 풀이나 무궁화처럼 되살아나리라는 희망을 노래하고 있었다.
도리소 주재소의 순사인 정도일은 아이들의 노랫소리를 듣다가 슬그머니 다가가서 사탕을 주며 물었다.
"좋은 노래구나. 누가 그 좋은 노래를 가르쳐 주었니?"
"우리 학교 여선생님인 남궁숙경 선생님이요."
아이들은 사탕을 빨며 참새처럼 재잘거렸다.
"음, 그렇구나. 잘 놀아라."
정도일은 음흉스런 회심의 미소를 지었다. 이 사건 하나만 성공하면 승진하여 출세의 길을 달릴 수 있으리라고 믿었으리라.

이튿날, 정도일 순사는 출근하자마자 일본인 상관에게 이 사실을 은밀히 알렸다.

"그 노래는 조센진들의 민족의식을 고취하려는 게 틀림없습니다."

"흠, 일단 본서에 보고해 두게. 흐흐, 잘 걸렸군 그래. 흐흐흐."

"하이!"

홍천경찰서의 사복형사인 신현규는 그 사실을 보고받자 마치 사냥감의 냄새를 맡은 사냥개처럼 코를 킁킁거리며 추가로 여러 가지 자료를 수집했다.

며칠 후 신현규는 시조사라는 종교단체 출판부의 직원으로 가장하고서 모곡학교로 갔다. 단풍잎이 한 잎 두 잎 떨어지는 가을이었다. 보리울은 온통 무궁화꽃 천지였다.

남궁억을 찾아간 신현규는 온화한 미소를 지으며 말했다.

"저는 월간지인 〈시조〉지의 기자인데, 이번에 선생님에 대한 기사를 싣고 싶어 이렇게 찾아왔습니다."

그는 잡지 한 권을 내밀며 부드럽게 말을 이었다.

"서울에서 듣기로는 남궁 선생님께서 무궁화 사랑을 가르치며 애국교육을 하신다기에 큰 감명을 받고 출장을 왔습니다. 산간벽지에서 참으로 고생이 많으십니다."

"뭘요, 마땅히 할 일을 하는 것뿐인데요."

남궁억 교장은 담담히 말했다.

"진정으로 선생님을 존경합니다. 이런 때일수록 애국교육은 꼭 필요하지요. 일본놈들이 제아무리 기세를 부려도 곧 망하리라고 봅니다."

"그렇소. 악이 세력을 떨칠 때는 언제까지고 갈 것 같으나, 스스로의 죄악을 견디지 못하고 썩어 멸망의 구덩이에 떨어질 거요."

"네. 다만 지금으로 봐서는 언제 그렇게 될지 쉽지 않아 보입니다만……"

신현규는 짐짓 능청을 떨었다.

"젊은 사람이 그렇게 낙심해서는 아니 되오. 머잖아 태평양이 가마솥에 물 끓듯 할 터인즉, 우리는 꼭 독립할 것이오."

이야기가 끝날 무렵 신현규는 방문 기념으로 무궁화를 몇 그루 사겠다고 말했다. 남궁억은 그를 전혀 의심하지 않고 무궁화 묘포로 안내하면서, 무궁화가 나라꽃이 된 내력 등을 자세히 들려 주며 무궁화의 장점을 자랑했다.

"벚꽃은 활짝 피었다가 곧 지고 말지만, 우리 무궁화는 이름 그대로 영원 무궁히 피는 꽃 중의 꽃이라오. 두 나라의 운명도 그와 같지 않겠소. 하하하."

남궁억은 통쾌히 웃고 있었지만, 일본의 앞잡이 신현규는 그의 민족주의 사상을 탐문하며 음흉스런 미소를 몰래 짓고 있었다.

며칠 후 신현규는 홍천경찰서 형사와 순사들을 이끌고 다시 남궁억 앞에 나타났다.
"나는 홍천경찰서 고등계 형사 신현규요. 당신을 반역죄로 체포하겠소."
며칠 전엔 토끼 같던 사람이 이젠 사나운 이리처럼 변해 있었다.
"내가 무슨 일을 했다고 반역죄란 말이오?"
남궁억은 의연히 되물었다.
"총독부에서 시키는 일은 전혀 하지 않고 하지 말라는 짓은 모두 하고 있는 당신이 반역자가 아니면 뭐란 말요."
신현규는 씹어뱉듯 독하게 쏘아붙였다.
"으음, 여우보다 간사한······."
남궁억은 말을 맺지 못하고 신음을 흘렸다. 바로 며칠 전에 자기 스스로 들려 준 말을 지금 부인할 수는 없었던 것이다.
"체포해!"
신현규의 명령에 따라 순사들이 달려들어 남궁억의 손에 쇠고랑을 채웠다. 그리고 남궁억의 가택을 샅샅이 수색하여 증거물을 압수했다. 그것은 무궁화 선전물, '조선 이야기', 노래 모음, 일기장, 편지, 태극 무늬가 박힌 큰 거울과 수저 등이었다.
오래전 일진회의 중상모략으로 경무청에 끌려가 잔인한 고문을 받고 병을 얻어 오랜 고생 끝에 겨우 회복되었는데 또다시 같은 민족의 마수에 걸려 체포되다니 생각할수록 울분이 솟았다.
남궁억 교장 외에 남궁숙경 등 교사들과 보리울 마을 청년들까지 모두 30여 명이 줄줄이 체포되어 수갑을 차고 1백 리 길을 걸어서 홍천경찰서로 끌려갔다. 이 같은 검거 열풍으로 보리울 마을은 공포의 도가니에 휩싸여 쥐 죽은 듯이 고요했다.

서울에서 발행되는 신문들은 이 일을 '십자가당十字架黨 사건'이라고 이름 붙이고 상세히 보도했다. 보도에 따르면 사건의 경위는 다음과 같았다.

십자가당의 회원은 홍천군 보리울에서 민족교육과 민족정신 고취에 힘쓰고 있던 한서 남궁억의 영향을 받은 사람들이었다. 이른바 십자가당은 하나님에 대한 믿음과 함께 본격적인 독립운동 전개에 목적이 있었다. 이 당은 남궁억의 제자인 유자훈, 김복동, 남궁모 등이 중심이 되어 이루어졌다.

이들은 집회를 통하여 민족의식 고취에 힘썼으며, 서울의 학생들이 방학을 맞아 귀향하면 이들과 함께 농촌운동을 전개했고, 남궁억이 시작한 무궁화 운동과 교육사업에도 적극 참여했다.

유자훈 목사가 홍천에 부임해 와서 놀란 것은 첩첩 산골이라는 선입관이 완전히 틀렸다는 점이었다. 마을 사람들이 글도 많이 깨쳤으며, 민족의식이 충만하여 애국 활동이 어느 곳 못지않게 활발하다는 점이었다. 경찰도 평소 모곡학교를 중심으로 이 지역에 불온한 사상이 떠돈다는 것을 주목해 왔던 터였다. 그 당시 홍천은 가파른 고개를 넘든지 뗏목을 타고 접근해야 했던 오지 중의 오지였다. 그 산골이 그렇게 지식과 의식이 충만한 사람들로 가득할 수 있었던 것은 오직 한서 남궁억 때문이었다.

남궁억은 모곡학교 학생들에게 '뜻'이라는 노래를 지어 가르쳤다

우리는 조선의 아들 딸
몸과 정성을 아끼지 않고
하루 또 하루 배우는 뜻은
조선을 다시 보고 싶어서……

십자가당의 강령은 이 지상에 함께 행복하게 사는 공동체를 적극적으로 건설하는 것이었다.

첫째, 모든 인류를 사랑하고 어떤 인종이라도 차별하지 않는다고 했다. 차별은 모든 악행의 근원이었다. 그리고 둘째는, 현재의 사회제도에 있어서 계급제도를 철폐하고 자유롭게 한다는 것이었다. 셋째는 빈부귀천의 차별을 없애고 누구라도 평등한 생활을 하며, 넷째는 물질을 가지고 이웃을 억압하지 않는다는 것이었다. 그리고 마지막으로는 모두 힘을 합쳐 우리 민족의 독립을 위해 노력한다고 정했다.

그것은 뜻있는 젊은이들이 모여 식민지 백성의 절망을 타개하려는 몸부림이었다. 그런데 오래전부터 눈에 거슬렸던 남궁억의 영향력을 말살시키려는 음모가 더해지면서 일본은 사건을 마구 조작했다.

남궁억의 제자로서 모곡학교 교사인 김복동의 일기장을 압수해

검토하는 과정에서 경찰은 십자가당을 빨갱이 단체로 몰아갔다. 관련자들은 혹독한 심문과 고문을 당하게 되었다.

감방 여기저기서 괴로운 신음소리가 끊이지 않았다. 고문 기술자들은 잠을 재우지 않고 음식도 주지 않았다. 고춧가루 물을 코 속에 붓거나, 각목을 정강이 사이에 끼워 마구 틀어댔다. 고통에 겨워 입이 저절로 벌어지고 혓바닥이 나올 지경이었다.

한편 남궁억이 갇혀 있는 사이에 강원도 경찰국에서는 '무궁화를 모조리 뽑아 없애라.' 하는 지시를 홍천경찰서에 내렸다. 경찰은 모곡학교 학생들을 강제로 동원하여 묘포에서 자라던 무궁화 묘목을 모두 뽑아내도록 명령했다. 학생들은 차마 그러지 못하고 머뭇거렸다.

"야 이 간나 새끼들아! 빨리빨리 움직이지 않고 뭐해! 몽둥이맛 좀 볼래?"

도리소 주재소의 순사 정도일이 악을 썼다. 아이들은 마지못해 눈물을 머금은 채 무궁화 묘목을 뽑기 시작했다. 그것은 바로 남궁억 교장 선생님과 그들 자신의 손으로 심었던 것이었다. 민족의 독립을 꿈꾸며……. 이제 울음이 나고 손이 떨려도 어쩔 도리가 없었다. 아이들은 경찰의 강압과 위협에 저항하지 못한 채 강제노동을 해나갔다. 여린 손끝이 갈라져 피가 나고 손톱이 다 닳아 나갔다. 그리하여 10만 주 가까이 되는 무궁화가 모두 뽑혀 불태워졌다.

독이 오른 일본 경찰은 보리울뿐만 아니라 홍천 일대의 모든 학교와 마을과 가정집에 심어졌던 무궁화까지 깡그리 뽑아 버렸다. 광분한 그들의 눈에 무궁화는 악의 꽃이었다. 총독부는 그 기회에 '무궁화 말살작전'을 펼치기로 결정하고 강원도뿐만 아니라 삼천리 강토에 피어난 모든 무궁화를 보는 족족 뽑아내 불태웠다. 식민지에서는 사람만 고난을 겪은 게 아니고 고운 꽃마저도 수난을 당했던 것이다. 그들은 무궁화 묘포에다 일본의 국화인 사쿠라를 심어 두었다.

 일본은 아예 모곡학교에 폐교 조치를 내렸다. 모든 교사를 강제 해임하고, 교무실과 교실을 수색한답시고 난리를 쳐서 아수라장으로 만들어 놓았다. 남궁억이 피와 땀으로 이루었던 민족정신의 산실이었던 모곡학교는 텅 비어 폐허로 변해 버렸다. 그러고도 불안했던지 얼마 후 일본은 '모곡학교'라는 것을 슬그머니 공립학교로 편입시켜 버렸다. 그것은 족보를 없애 모곡학교의 흔적마저 말살하기 위해서였다.

 1933년 초겨울, 한 달이 넘도록 혹독한 조사를 받은 남궁억과 10여 명의 관련자들은 서울로 송치되어 총독부 검사에게 넘겨져 심문을 받았다. 며칠 동안을 유치장에 갇혀 있다가 남궁억은 검사실로 불려 갔다.

 푹신한 안락의자에 푹 기대어 앉은 뚱뚱한 검사는 금테 안경 뒤의 뱀눈 같은 눈으로 남궁억을 노려보며 물었다.

 "홍천에 모곡학교를 세운 동기는 무엇인가?"

 남궁억은 담담하면서도 강한 어조로 대답했다.

 "한일 강제병합 이후로 우리 조선 민족은 너무나 처참하고 가련하게 살고 있소. 그 원인을 살펴보니, 일반 백성이 지식을 넓힐 기회가 없어서 무지몽매한 점이었소. 이 사회가 어떻게 되든 그것에는 전혀 무관심하고, 다만 그날그날의 호구 방책만 있으면 만족하는 것처럼 보여 마치 꿈에서 깨지 못하고 허우적거리는 것 같았소. 그래서는 앞날의 희망이 없으므로 우선 작은 학교라도 하나 세워 청년과 민중들의 지식을 향상시켜 깨우치려 했던 것이오."

"그대는 일본의 통치 아래 있는 것을 좋아하지 않아서 산골에 숨어 학교를 설립하고 학생들에게 민족사상을 주입하여 조선독립을 선동했다는데 어떤가?"

"나는 다만 농민들을 깨우쳐 세상 돌아가는 이치를 알게 하려고 했을 뿐이오."

검사는 씩 웃었다. 그러나 그 웃음에는 살기가 깃들어 있었다.

"그대는 학교 조회 때, 충신은 두 임금을 섬기지 않으므로 자기는 결코 이 세상에서는 출세하지 않음은 물론, 조선은 일본에 병합되었다곤 하지만 일시적일 뿐 조선이라는 두 글자는 죽어도 잊을 수가 없다고 말하고 학생들에게도 그렇게 하라고 주입시켰다는데 사실인가?"

"나는 나이가 많아 어제 한 일도 오늘은 잊어버릴 정도이므로 확실한 기억은 없지만 그렇게 말했으리라고 생각되오. 왜냐하면 나는 죽더라도 그것만은 잊을 수가 없기에 말이오."

"조선어 보충수업 시간에 학생들에게 '우리는 현재 일본에 병합되어 왜놈의 노예가 되어 있지만 너희 청년들이 용기와 힘을 길러 어떤 어려움이 있더라도 굴복하지 말고 굳건히 나아간다면 독립할 수 있다'라고 한 건 사실인가?"

"취조관 앞에서 이런 말을 하는 건 나쁠지 모르지만, 우리로서는 그렇게 해야 하므로 그런 말을 했을 것이오. 나는 이제 여생이 얼마 남지 않았으니, 내 말이 법에 저촉된다면 어떤 처분이라도 받겠소이다."

"아무것도 모르는 어린애들에게 그런 불온스런 말을 하여 앞길을 그르치는 건 교장으로서 책임이 없는가?"

"이 일을 일본인에게 말하면 불온한지 몰라도 우리 민족으로서는 당연한 일이오. 조선인으로서 그 정도의 민족정신이 없다면 그는 이미 죽은 사람일 것이오."

검사는 빙글빙글 웃고 나서 물었다.

"그대는 젊을 때 영어를 배운 사람으로서, 어차피 영어나 일본어나 같은 외국어인데 왜 일본어는 그렇게 싫어하는가?"

"흠, 만약 모든 사람이 영어를 배웠다면 나는 영어를 굳이 배우지 않았을 것이오. 그 당시엔 대부분의 사람들이 영어를 배우려 하지 않았기에, 나라도 배워서 우리나라의 외교와 무역에 조금이나마 도움이 되고자 했을 뿐이오. 나는 세계의 어떤 언어보다도 우리 한글을 사랑하고 있소."

"흠, 그대는 일본의 통치에 불만을 품고, 모곡학교를 설립해 일꾼들을 길러 내서 독립의 기초를 마련하려 했는가?"

"조선 민족은 지금 꿈에서 놀고 있을 시기가 아니므로 꿈을 깨워

일으켜 세울 목적이 있었던 건 사실이오."

검사는 책상 위에 놓인 음료수 잔을 들어 한 모금 홀짝 마셨다.

"학교에 무궁화를 많이 기른 동기는 무엇인가?"

"무궁화는 조선 민족을 대표하는 꽃이고, 꽃 중에서 가장 고운 것처럼 조선 민족도 무궁화처럼 영구히 번창하길 바란 것이오. 자기 나라의 국화를 사랑하는 게 죄가 되는지는 몰랐소."

"무궁화 동산이라는 노래는 무엇을 나타내고 있는가?"

"무궁화는 뿌리가 강하고 꽃이 져도 또 피어나는 것처럼 우리 민족도 다시 살아나 영원무궁하길 바란 것이오."

검사는 무심결에 콧방귀를 한번 뀌고 나서 물었다.

"그럼 조선 역사를 가르친 이유는 무엇인가?"

"조선인으로서 조선의 사정을 모르면 안 되므로 그런 것이오. 우리 조선도 세계 강국에 비견할 만큼 훌륭하고 고유한 역사를 갖고 있으면서 다만 그걸 모른 채 다른 민족에게 압박을 받는 것이 안타까울 뿐이었소이다."

"그대는 모곡예배당에서 한일병합에 대하여 비분강개하여 말하면서 일본의 정치를 비판하고 울었다는데 그런가?"

"언제 어디서든지 일한합병에 대하여 생각하고 이야기할 때마다 자연스럽게 눈물이 나오. 우리 조선 민족을 어떻게 하면 비참한 처지에서 구해낼 수 있을지 생각하며 운 것은 한두 번이 아니오. 마루에 서서 앞산을 보고도 이 민족을 생각하면 눈물이 날 지경이니, 자연히 일본의 압제를 비판했을 것이오."

 남궁억은 저도 모르게 눈물을 주르르 흘리며 한숨을 쉬었다. 감방에서 얼마나 심하게 고생했는지 그는 피골이 상접할 정도로 쇠약해져 있었다.

 그 후 열린 재판에서 남궁억은 보안법 위반으로 기소되어 형을 받고 수감되었다. 제 나라를 사랑한 죄로 검은 쇠창살 안에 갇힌 몸이 된 것이다.
 남궁억은 감옥에서 지급하는 일본식으로 만든 수의를 거절했다. 둘째 딸 자경이 한복을 넣어 줄 때까지 알몸으로 지냈다.
 그는 컴컴한 감옥 안에서도 정신을 모아 오로지 조국의 자주독립을 위해 간절히 기도했다.
 "주여, 저는 이제 아무 힘도 없나이다. 바라옵건대, 제 육신이 죽어 사라지더라도 제 영혼만은 더 강인해져 이 가엾은 민족을 위해 역사할 수 있도록 해주시옵소서."
 총독부에서는 관리를 보내 회유를 하기도 했다.
 "남궁 선생, 대세는 이미 기울었소. 이제는 누구든 일본의 뜻에 따라야 한단 말이오. 만일 선생이 생각을 바꿔 우리에게 협조한다면 호강시켜 드리겠소."
 "나는 일본이 망하고 우리나라가 독립하게 된다는 것을 믿고 있소. 내 나이 이미 일흔이 넘었소. 다 산 몸인데, 이제 와서 생각을 바꾸라니 개도 웃을 일이오."

남궁억은 단호히 말하고 관리를 노려보았다. 관리는 표독스럽게 웃고 나서 돌아갔다.

지옥 같은 환경에서 옥고를 치르던 남궁억은 결국 병을 얻고 말았다. 그렇다고 일본 당국이 병자를 배려해 주는 것도 아니었다. 조센진 따위는 몇 명이 죽어도 눈도 까딱하지 않는다는 식이었다.

애가 탄 둘째 사위인 윤광선은 장인의 보석원을 검찰청에 신청하는 한편 부친 윤치호와 함께 구명운동을 펼쳤다.

그리하여 1여 년만인 1934년 여름에 남궁억은 겨우 보석으로 풀려났다. 그는 서울에서 잠시 병간호를 한 후 보리울로 향했다. 가평 근처에 도착했을 때 마을 사람들이 가마를 보내 모셔오려고 했으나 그는 타지 않았다.

"나라를 빼앗겨 고생하는 백성이 무슨 가마며, 어떤 양반은 타고 가고 어떤 상놈은 힘겹게 메고 간단 말인가? 하루 5리를 가더라도 걸어가겠다."

그는 강을 따라 걸어 올라와 근처 집에서 하루 묵은 후 나룻배를 타고 보리울로 돌아왔다.

보리울은 예전의 무궁화 동산이 아니었다. 한창 무궁화가 필 계절인데도 강신재 언덕은 황량하기만 했다.

해맑던 아이들의 눈동자를 보기가 힘들었고, 고락을 함께하던 교사들은 뿔뿔이 흩어져 가 버렸다.
"아, 적막강산이구나!"
 남궁억은 밤중에 홀로 창가에 서서 하늘의 달을 쳐다보며 길게 탄식했다. 달은 구름 속에 갇힌 채 벗어나려고 애를 썼지만 먹구름이 자꾸 몰려들어 쉽지 않았다. 남궁억의 눈에 눈물이 맺혔다. 의욕과 열정을 잃은 그의 병든 몸은 마치 빈 들판에 선 허수아비처럼 쓸쓸해 보였다.
 그래도 마치 달이 구름을 조금씩 헤쳐나가듯 끝끝내 포기하지는 않았다. 그는 병문안하러 온 제자나 마을 청년들에게 기회 있을 때마다 간곡히 부탁했다.
 "나는 독립을 위하여 일하다가 가겠지마는 너희는 반드시 독립을 볼 것이니 독립 후의 일을 위하여 준비해야만 한다네. 우리가 준비를 제대로 하지 않으면 설령 오늘 독립이 이루어진다고 해도 모든 문제가 해결되는 것이 아닐 것이네."
 "잘 알겠습니다. 선생님께서도 꼭 독립한 우리나라를 보실 것입니다."
 남궁억은 빙긋이 웃었다.
 "그게 내 소원이다만 아마도 그럴 것 같진 않네."
 그러더니 잠시 후 말을 이었다.
 "젊은 벗들이여, 내가 죽거든 무덤을 만들지 말고 나무 밑에 묻어 거름이나 되게 해주시게나. 무궁화 나무 밑에……."

제자들은 숙연해진 나머지 아무 대답도 하지 못했다. 나라를 잃은 상황에서 그는 자신의 무덤을 만드는 것조차 과분히 여겼다. 그래서 무궁화 나무의 밑거름이나 되길 바랐던 것이다.

어느 날 새벽 남궁억은 뭉이의 부축을 받으며 유리봉으로 올랐다.

가을바람이 살랑살랑 불어왔다. 소나무들이 가벼이 흔들리며 청아한 솔향을 뿌렸다. 그 중엔 남궁억이 오래전에 심었던 어린 묘목이 자라나 하늘을 향해 푸른 잎을 흔들고 있기도 했다.

남궁억은 유리봉 꼭대기의 흰 바위 앞으로 갔다. 바위 옆에는 까마득히 먼 옛날 어느 이름 모를 선조가 심었는지도 모를 늙은 솔이 구부정한 허리로 서 있었다. 몸은 비록 늙어 비틀어졌을지언정 가지에 달린 솔잎은 그 고상한 정신의 표현인 양 푸르렀다.

그는 늙은 소나무를 가만히 쳐다보며 굽은 등줄기를 천천히 어루만지고 나서 바위 위에 무릎을 꿇고는 두 손을 모았다.

"주여, 핍박받는 우리 어린이와 젊은이들을 보살펴 주옵소서. 그들의 영혼을 저 푸른 나무들처럼 쑥쑥 자라나게 하옵소서. 그리하여 그들이 식민지의 땅에서 받은 울분을 이겨내고, 뿌리는 땅속에 굳건하되 하늘을 향해 푸른 잎을 흔들게 하소서.

주여, 고통받는 우리 젊은이들의 정신이 강물처럼 유유히 흘러 한 바다에 이르게 보살펴옵소서. 그리하여 악의 나라로부터 받은 굴욕을 스스로 벗어나 그 정신이 푸른 바다처럼 파도치게 하소서.

그리고 주여, 한 많은 우리 조선 백성의 마음이 태양과 샛별처럼 스스로 빛나게 도우소서. 수많은 원한과 억울함을 용광로처럼 활활 태워 밝은 한마음으로 승화시켜서 온 인류의 어둠을 밝히게 하소서……."

　남궁억은 눈을 들어 하늘을 쳐다보았다. 동녘 하늘에 얼굴을 방금 씻은 듯 맑고 밝은 해님이 어둠을 걷어내며 솟아오르고 있었다. 어스름에 묻혔던 산이 점점 초록빛을 되찾아 갔다. 푸른 산을 이룬 소나무와 참나무, 자작나무, 칡나무, 옻나무 등 온갖 나무와 풀이 저마다의 힘으로 서서 태양이 빛나는 하늘을 향해 자라 오르고 있었다.

에필로그

나비의 꿈

 푸른 노트를 다 읽은 나는 표지를 덮는다.
 그새 잉크가 많이 번지고 앞뒤 장의 글자들이 서로 얽혀 마지막엔 읽어내기가 어려웠다. 노트 속엔 필자에 대한 어떤 정보도 없었다.
 이름 모를 그 사람은 왜 이런 글을 썼다가 세검정 아래의 사천계곡沙川溪谷 물속에다 던져 버렸을까? 단순히 술에 취해 객기를 부린 것 같지는 않았다. 잘 모르긴 해도 동서고금을 막론하고 자기가 쓴 글이 마음에 들지 않을 경우 불에 태워 버리기는 할지언정 물에 던져 시체처럼 둥둥 떠내려가게 하지는 않는 법이었다.
 그렇다면 고의적으로 개굴창에 처 던져 행인들의 한 가닥 탄식이나마 자아내고자 한 것일까? 세검정 아래 계곡 물은 예전엔 한없이 맑았을지 몰라도 요즘은 닭이나 쥐의 시체가 떠도는 썩은 물이나 다름없을 정도였다. 본래 산에서 발원하여 세속으로 내려오는 계곡물은 현실 세상의 청탁을 알려 주는 거울과도 같은 것이다.

혹시 그 사람은 점점 추악하고 부패해져 가는 이 세상의 현실에 절망하여 일부러 자신의 피땀으로 쓴 작품을 썩은 개굴창에 던져 넣고는 미친 사람처럼 웃으며 어느 깊은 산속으로 떠나가 버렸는지도 몰랐다.

대학 시절에 '한국 교육의 역사와 철학'이라는 과목을 수강한 적이 있는 나는 한서 남궁억 선생의 이름을 들어 본 적이 있었다. 그러나 그분이 일본 경찰에 끌려가 그토록 모진 고문을 당했다는 사실은 전혀 알지 못했다. 또한 무궁화를 사랑하여 대한민국의 나라꽃이 되도록 했다는 사실도 몰랐다. 그동안 그분의 높은 정신은 다 잊어먹고, 보리울에서 고문의 후유증으로 고생하다가 1939년에 77세를 일기로 세상을 떠났다는 사실만 고작 컴퓨터처럼 기억하고 있을 뿐이었다. 그 청렴결백한 성품을 가진 분이 만약 요즘 세상에 돌아온다면 어떻게 살아갈지 나는 잠시 상상을 해보았으나 잘되지 않았다.

한서 선생은 살아생전에 무궁화가 아름답게 핀 삼천리 강산을 꿈꾸었지만, 아마도 겉으로만 화려한 게 아니라 속으로도 진정한 자유와 평등이 보장되어 모든 국민이 행복한 그런 나라를 소망했으리라 싶었다.

푸른 노트의 주인은 아마 한서 선생이 지금 이 세상에 온다면 너무 혼탁해서 살아가기가 힘들다고 판단했는지도 몰랐다. 식민지 시대엔 적이 누군지 분명했으나 지금은 오리무중 속에서 누가 적인지 친구인지 분간하기가 힘든 것이다. 그래서 세상 사람들을 향해 혼자 데모라도 하듯이 자신의 노트를 던져 버린 것일까?

 나는 푸른 잉크로 얼룩진 그 노트를 어떻게 할지 생각하다가 그냥 정자 위의 탁자에 놓아두기로 했다. 내가 갖고 갈 필요는 없었다. 지나가던 다른 어떤 사람이 잠시 쉬면서 읽어 보고 특별한 느낌을 가질 수도 있는 것이다.

 나는 일어나서 다시 정처 없이 걷는다.

 길섶의 매화나무 가지에 달린 희고 붉은 꽃송이가 눈을 인 채 피어나고 있다. 꽃샘바람이 불자 눈가루와 꽃잎이 분분히 떨어져 날린다. 좀 큰 흰 꽃잎이 비스듬히 떨어져 내린다. 그러나 땅에 닿기 전에 그것은 다시 위로 천천히 날아 올라간다. 그건 꽃잎이 아니라 나비이다.

 나비는 힘겹게 날갯짓을 해 꽃잎에 겨우 달라붙자 파르르 떨어댄다. 조금씩 기어오르려 애쓰지만 기진맥진해 곧 떨어질 듯하다. 그래도 나비는 큰 눈으로 하늘을 보며 날개를 간신히 파닥거리면서 가느다란 앞다리에 힘을 모아 꽃잎 위로 오른다.

작가의 말

봄이 막 다가오던 무렵, 강원도 산골 보리울로 해서 남궁억 선생의 발자취를 찾아가던 날이 떠오릅니다. 청명한 이른 아침인데 시외버스 창을 통해 본 한강 상류에는 안개가 자욱이 끼어 마치 무릉도원 같았습니다.

기암절벽 밑을 흐르는 홍천강을 따라 걸으면서 그분도 언젠가 이 길을 걸은 적이 있지 않았을까 생각하니, 그때로부터 어언 1백여 년의 세월이 흘러간지라 느낌이 묘했습니다. 더구나 그때는 이 강산도 사람들도 일본의 발밑에 짓밟혀 신음하던 식민지 시대가 아닙니까! 한복 두루마기를 걸치고 미투리를 신은 채 흰 수염을 바람에 휘날리며 걸었어도 구름에 달 가듯이 가는 한가한 나그네의 마음은 아니었으리라 여겨졌습니다.

자신의 소중한 모든 것을 오로지 이 민족의 소망을 위해 바치고 떠난, 저 푸른 산의 한 그루 소나무와도 같았던 분의 눈동자가 이기적인 욕망에 물들어 허우적거리는 오늘날을 지켜보는 듯했습니다.

사람들의 몸은 현재를 살아가고 있지만 정신과 마음은 현재뿐만 아니라 과거와 미래를 함께 어우르며 살아갑니다. 회상이나 추억은 과거로 돌아가 다시금 살아 보는 것이며, 예측이나 상상은 마음을 미래로 향하게 하여 살아 보는 것이라 할 수 있습니다.

현재만 알고 과거를 무시하며 사는 사람은 언뜻 활발해 보이나 지혜롭지 못하여 낭패를 보기 쉬우며, 또 미래를 무시하고 현재에만 집착하면 동물과 별로 다를 바 없습니다. 그런데도 그렇게 사는 사람이 많은 것이 오늘날의 세상이며, 그렇다 보니 날이면 날마다 부정부패와 살인 강도 등 별의별 끔찍한 사건이 계속 언론을 장식하고 있습니다. 요즘 우리나라 청소년의 사망 원인 중 1위가 자살이라고 합니다. 귀중한 목숨을 스스로 끊는 이유가 많이 있겠지만, 과거나 미래와 단절되어 눈앞의 현실에 동물처럼 얽매여 살 수밖에 없는 각박한 생존경쟁의 풍토와도 관련된다고 봅니다.

유리봉 꼭대기에 올라 한서 선생이 새벽마다 우리 민족을 위해 기도하던 바위를 바라보고 있자 '만일 이 시대에 그분이 살고 있다면 과연 무엇을 하실까?' 하는 생각이 들었습니다. 지금 일본의 압제는 사라졌지만, 한서 선생이 그토록 꿈꾸던 '온 민족이 함께 행복한 삼천리 무궁화 강산'은 아직 이루어지지 않았다고 여겨지기 때문입니다.

한서 남궁억 선생은 일본만을 두고 '외세의 침략'이라고 말하지 않았습니다. 소련, 중국, 미국 등 우리 주변의 강대국들도 자기 나라의 이익을 위해서는 '언젠가 이 한반도를 침략할 수 있는 외세'라고 보고 경계했습니다. 온 세계의 평화를 위해 서로 협조할 것은 하되, 동등한 입장에서 함께 이익이 되는 방향을 잡아 나가는 것이 필요하다고 역설했습니다.

파란만장했던 한 시대를 온몸으로 겪은 옛사람의 삶에 대한 탐구는 바로 우리 자신에 대한 진지한 질문이며, 나아가 그 당시와 오늘날의 중요한 문제와 비밀에 대한 해답을 찾고자 하는 호기심과도 통할 것입니다. 괴짜라면 대단한 괴짜라고도 할 만한 한서 남궁억 선생의 소설화된 파란만장한 인생을 통해 우리 함께 과거와 현재와 미래를 동시에 통찰하는 뜻깊은 시간이 되었으면 합니다.

소설을 구상하고 마무리하는 동안 두 차례 보리울에 다녀왔습니다. 세상이 오염되고 각박하다지만 그곳의 산천은 푸르고 인심은 순박했습니다. 한서 남궁억 선생의 제자로서, 백 세를 바라보는 나이에도 마치 청년처럼 열정적이고 구수하게 오래전의 옛이야기를 들려 주신 이재완 권사님께 감사드립니다. 그리고 강신재 언덕에 한서 기념관을 짓고 무궁화 동산을 가꾸어 한서 남궁억 선생의 높은 뜻을 오늘에 맞게 활짝 꽃피우려 애쓰는 현재호 목사님께도 깊은 감사를 드립니다.

2013년 겨울
연신내 집필실에서
작가 김영권

연보

◎ 1863년
12월 27일.
서울 정동貞洞 왜송倭松골에서 출생.
홀어머니 밑에서 성장.

◎ 1868년
어깨너머로 글공부 시작

◎ 1874년
한문사숙에 입학

◎ 1878년
남원南原 양씨 혜덕과 결혼

◎ 1883년 9월
서울 재동齋洞에 설립된 최초의 영어학교에 입학

◎ 1906년
'을사늑약' 체결 이후 양양군수로 부임, 양양에 현산학교(현 양양초등) 설립.

◎ 1907년 9월
양양군수를 사임, 대한협회의 회장 취임 후 압력으로 12월 사임.

◎ 1908년
학습지 〈교육월보〉 발행, 관동학회를 설립.

◎ 1910년
1918년까지 배화학당에서 교사로서 활동, 종교교회에서 입교세례.

◎ 1912년
상동청년야학원 원장으로 활동

◎ 1914년
가정학 교과서인 《가정교육》을 출판. 한글 서도書道 교과서인 《신편 언문체법》 간행, 무궁화 수놓기 운동

◎ 1915년
종교교회에서 남감리회 본처 전도사 직임

◎ 1918년
선향先鄕인 홍천군 서면 보리울(모곡리牟谷里)로 낙향

◎ 1919년 9월
예배당을 지어 사람들과 아이들을 모아 예배 드리고 교육활동

◎ 1923년 9월
감리부 선교사와 홍천군 유지들의 지원을 모아 모곡학교 확장

◎ 1884년
영어학교 우수생으로 졸업

◎ 1887년
구미 6개국(미국, 영국, 러시아, 프랑스, 독일, 이탈리아) 순방사절단의 통역 서기관으로 순방 중 홍콩에 2년 체류

◎ 1889-1893년
고종의 명으로 궁내부宮內府 별군직別軍職에 임명

◎ 1884년 6월
묄렌도르프(P.G. von Möllendorf)의 추천으로 경성 총해관總海關 견습생 실습

◎ 1886년 2월
내부內部의 주사主事로 임관, 고종의 영어통역관 시작

◎ 1893년 4월 4일
경상도 칠곡부사府使로 부임

◎ 1895년
내부內部 토목국장에 임명, 흥화학교에서 영문법, 동국사 수업

◎ 1905년
성주목사 부임, 친일관료였던 경상도 관찰사 이근택 무리와 대립 후 사임.

◎ 1896년
서재필 등과 함께 독립협회운동을 전개, 언론활동

◎ 1900-1903년
〈황성신문〉에 일본의 침략성 폭로하여 세 차례 옥고. 석방후 〈황성신문〉 사장직 사임.

◎ 1898년
독립협회 해산, 정부의 정식 인가를 받은 〈황성신문〉을 창간

◎ 1924년
4권으로 된 《동사략東史略》을 저술

◎ 1929년
한국 역사 사화집史話集인 《조선이야기》(전5책) 저술

◎ 1939년 4월 5일
병고에 시달리다 77세를 일기로 별세

◎ 1925년
무궁화 보급운동

◎ 1933년 11월
국사교육과 무궁화 운동 중 보안법 위반으로 구속 서울 서대문 감옥에서 옥고를 치르다 병보석으로 석방

보리울의 달

발 행 일	2013년 3월 1일 초판 발행
	2013년 7월 1일 2쇄 발행
	2013년 9월 1일 3쇄 발행
발 행 인	김재현
저　　자	김영권
편　　집	이효원, 강은혜, 류명균
디 자 인	박송화
펴 낸 곳	한국고등신학연구원(KIATS)
등록번호	제 300-2004-211호
주　　소	서울시 종로구 명륜동 1가 101-1번지 4층
전　　화	02)766-2019
팩　　스	0505-116-2019
E-mail	kiats2019@hotmail.com
ISBN	978-89-93447-54-5 (03230)

* 본 출판물의 저작권은 한국고등신학연구원(KIATS)에 있습니다.
* 사전동의 없이 무단으로 복사 또는 전재하여 사용할 수 없습니다.